新时代成人高校
学前教育专业的转型与升级

金吉子 著

中国文联出版社

图书在版编目（CIP）数据

新时代成人高校学前教育专业的转型与升级 / 金吉子著. -- 北京 : 中国文联出版社, 2024. 8. -- ISBN 978-7-5190-5591-2

Ⅰ. G612

中国国家版本馆CIP数据核字第2024JU8714号

著　　者　金吉子
责任编辑　周欣
责任校对　秀点校对
装帧设计　研杰星空

出版发行　中国文联出版社有限公司
社　　址　北京市朝阳区农展馆南里10号　　邮编　100125
电　　话　010-85923025（发行部）　　010-85923091（总编室）
经　　销　全国新华书店等
印　　刷　明玺印务（廊坊）有限公司

开　　本　710毫米×1000毫米　1/16
印　　张　13.25
字　　数　221千字
版　　次　2024年8月第1版第1次印刷
定　　价　68.00元

前 言

新时代对成人高校学前教育专业的建设和发展提出了新要求，理解这些要求背后的社会与经济发展逻辑、教育政策的调整和技术发展趋势，有利于从业者明晰成人高校学前教育专业转型和发展的方向和思路。

转型中的成人高校学前教育，需要教师对传统的课程体系、教学方法进行根本性的反思和重构。在这一过程中，基于新时代需求的课程设计理念、创新教学方法的应用、师资队伍的专业化发展等成为我们关注的重点。而成人高校学前教育与数字技术的深度融合，不仅改变了该专业教育教学的方式，也为教育评价体系的改革和协同育人机制的完善提供了新的可能性。

面对新时代的挑战与机遇，成人高校学前教育专业的教师需要更加积极地适应社会发展的需要，不断提升自身的教育质量和水平。政策与法规的支持作用不可或缺，它们为成人高校学前教育的持续发展提供了坚实的保障。同时，国际视野的拓展和国际经验的借鉴，也为我们提供了宝贵的参考和启示。随着对成人高校学前教育转型的深入研究，相信我们能够构建出更加完善、高效、创新的教育体系，为成人学前教育工作者提供指导和参考，为社会培养出更多具有良好教育素养和专业能力的学前教育人才，共同迎接新时代教育发展的新挑战。

前言

新时代对成人高校学前教育专业的建设和发展提出了新要求，理解这些要求背后的社会与经济发展逻辑、教育政策的调整和技术发展趋势，有利于从业者明晰成人高校学前教育专业转型和发展的方向和思路。

转型中的成人高校学前教育，需要教师对传统的课程体系、教学方法进行根本性的反思和重构。在这一过程中，基于新时代需求的课程设计理念、创新教学方法的应用、师资队伍的专业化发展等成为我们关注的重点。而成人高校学前教育与数字技术的深度融合，不仅改变了该专业教育教学的方式，也为教育评价体系的改革和协同育人机制的完善提供了新的可能性。

面对新时代的挑战与机遇，成人高校学前教育专业的发展需要更加积极地适应社会发展的需要，不断提升自身的教育质量和水平。政策与法规的支持作用不可或缺，它们为成人高校学前教育的持续发展提供了坚实的保障。同时，国际视野的拓展和国际经验的借鉴，也为我们提供了宝贵的参考和启示。随着对成人高校学前教育转型的深入研究，相信我们能够构建出更加完善、高效、创新的教育体系，为成人学前教育工作者提供指导和参考，为社会培养出更多具有良好教育素养和专业能力的学前教育人才，共同迎接新时代教育发展的新挑战。

目录

第一章　新时代背景下的成人高校学前教育发展概述

本章旨在深入探讨和分析新时代对成人高校学前教育专业所提出的新要求，以及该专业所面临的挑战与未来发展走向。本章描绘了成人高校学前教育在新时代背景下的发展大局，并强调，在快速变化的社会、经济和技术环境中，成人高校学前教育必须适应新的要求和期望。本章概括了新时代背景的特点，指出了成人高校学前教育需要面对的新要求，包括但不限于教育质量的提升、课程内容的更新、教育方法的创新，以及对教育成果的高度重视，还讨论了新时代成人高校学前教育的发展趋势，如数字化学习资源的广泛应用、远程教育的普及、终身学习理念的深入人心，以及这些趋势所带来的机遇和挑战。

第一节　新时代对成人高校学前教育的新要求

一、强化以学习者为中心的教学理念

随着社会发展和科技进步的加速，以及终身教育机制的逐步完善，成人教育领域对教学内容、方式、理念的要求正在不断升级和变化。特别是在学前教育这一细分领域，强化以学习者为中心的教学理念成为教育改革和发展的重要方向。这种以学习者为中心的教学理念，不仅要求教育者深刻理解学习者的起点和需求、特点和兴趣，还要求教育者在教育实践中不断拓展和创新教学内容和方法，以促进学习者的全面发展。

以学习者为中心的教学理念主要强调，教学过程应以学前教育专业学生的实际需求为出发点和落脚点，关注学习者的个体差异，尊重学习者的主体地位，鼓励学习者主动参与学习过程，通过提供个性化的学习路径和丰富的学习资源，支持学习者的自主学习、探究学习和协作学习。这种教学理念的实施，旨在培养学习者的自主性、创造性和批判性思维能力，以使其适应快速变化的社会和学前教育工作环境。

实施以学习者为中心的教学理念，对教育内容和方法提出了新的要求。首先，教育内容不应仅仅停留在知识的传授上，更应关注学习者学前教育实施能力的培养和职业素养的提升。这意味着教育者需要根据学习者的实际需求整合资源，创新教育内容，教授基础理论知识之外，还应注重学习者的实践技能训练、情感态度培育等。其次，教育方法需要从传统的讲授法转变为更加灵活多样的教学模式，如案例教学、项目式学习、翻转课堂等，以促进学习者的主动学习和深度学习，突出学前教育专业特色。最后，教育者还应利用现代数字技术，如在线学习平台、虚拟仿真等工具，为成人学前教育学习者提供更加个性化和多元化的立体学习体验。

强化以学习者为中心的教学理念，旨在促进学习者的主动学习与探究学习。这要求教育者不仅要提供必要的学习资源和支持，还要重视科学开发和利用成人

学生独有的资源，为学生创造一个开放、包容、互动的学习环境，激发其学习兴趣和探究欲。在这样的学习环境中，学习者被鼓励提出问题，进行探索、分享见解、反思的学习过程，从而建构知识，发展辩证思维能力，提高解决问题的能力。

在强化以学习者为中心的教学理念下，支持个性化学习成了一项重要任务。每个学习者的背景、兴趣、学习风格和发展水平都有所不同，教育者需要通过精细化管理和个性化指导，为每位学习者设计适合其特点的学习计划和学习路径。这包括提供不同难度的学习材料、采用不同的教学策略、设置个性化的学习目标等。借此最大程度地发挥每位学习者的潜能，促进其全面而平衡地发展。

新时代对成人高校学前教育专业的新要求体现在多个方面，其中，强化以学习者为中心的教学理念是其核心。这种教学理念的实施，要求教育者不仅要更新观念、改进方法，还要不断创新教育内容，为学习者提供个性化和多样化的学习支持。通过这样的努力，可以更好地满足学习者的需求，培养其终身学习能力和适应未来社会的综合素质，为学前教育领域的持续发展奠定坚实的基础。

二、注重终身学习能力的培养

在新时代背景下，社会经济和科技的快速发展带来了职业角色的不断变化与更新，人们的职业生涯变得更加生动和多样。终身学习能力成了个体适应社会发展、实现个人职业生涯规划和持续成长的关键能力。成人高校学前教育专业的教育者必须更加注重学习者的终身学习能力培养。它不仅包括专业知识的不断更新和扩展，更重要的是培养学习者的自我学习能力、自我更新能力和适应变化的能力。

终身学习能力的培养，首先要求成人高校学前教育专业的教育者在教学理念上进行革新。传统教育模式强调知识的传授和技能的训练，而在新时代背景下，教育应更加注重引导学习者建立自主学习的意识，培养他们主动探索知识、积极参加实践，提高解决问题的能力。这要求教育者的角色不仅是知识的传递者，更是引导者和促进者，要帮助学习者构建自己的知识体系，发展批判性思维和创新思维，以达成知识主体的构建和“教人自教”的教育目标。

同时，需要成人高校积极改革学前教育课程体系，将学习者的实际需要和社会发展趋势结合起来，设计和实施更加灵活多样的成人教育模式，以不断提高学习者终身学习意识与能力。应不断更新课程内容，反映最新的科技发展和社会需求，同时引入跨学科项目与理念，鼓励学习者从不同角度和领域进行探索与实践。此外，课程设计应注重实践性和应用性，通过实践活动、项目作业等方式，增强学习者的职业核心能力。

为了更好地培养学习者的终身学习能力，教育者还应利用现代数字技术，创建开放和灵活的学习环境。人工智能时代的来临会对传统学习方式带来颠覆性的革命，因此，成人高校要致力于教学 AI 技术的开发与运用，进一步深度开发在线学习平台、远程教育、开放教育资源等，注重新技术在教师课堂中的运用，关注学生数字素养的提高，培养学生随时随地学习的意识与能力，满足他们的个性化学习需求。通过这些手段，学习者可以极大地提高学习效力，还能接触到全球的学习资源，与来自不同文化和专业背景的学习者交流合作、拓宽视野、增强国际竞争力。

成人高校学前教育专业的教育者还应注重学习者终身学习路径的规划和指导。通过职业规划教育、学习指导和咨询服务，帮助学习者明确自己的学习目标和职业发展方向，制订合理的学习计划。对于成人学习者而言，学习往往需要与工作和家庭生活相结合，因此提供灵活的学习模式和时间安排，减少学习者与其他生活角色之间的冲突，对于维持和促进其终身学习至关重要。

在新时代背景下，成人高校学前教育面临着重新定义和强化终身学习能力培养的任务。通过教学理念的更新、课程体系的改革、现代数字技术的利用以及学习路径的规划和指导，教育者可以有效地支持学习者适应快速变化的社会环境，满足个人发展的需求，助力其实现职业生涯的持续成长和成功。这不仅对学习者个人具有重要意义，也对社会的可持续发展和人才培养机制的优化具有深远的影响。

三、加强实践和创新能力的培育

在新时代的大背景下，学前教育专业面临的挑战和机遇主要表现在以下两个方面：一是对学前教育人才的需求在数量上有所增加，二是对人才质量提出了更高的要求。特别是实践和创新能力的培养，成了新时代成人高校学前教育的重要任务。这不仅是因为实践和创新能力对于个人职业发展的重要性日益凸显，也因为在知识爆炸、技术迭代的今天，能够不断创新和应对复杂问题的能力已成为衡量教育质量的关键指标。

加强实践和创新能力的培养，意味着成人高校学前教育需要在教学模式、课程设计、评价体系等方面进行全面的创新和改革。首先，在教学模式上，应从传统的教师主导的讲授式教学，转变为以学习者为中心、强调互动和参与的教学模式。通过案例教学、项目驱动教学、模拟实践教学等形式，学习者在真实或模拟的教育场景中学习和应用知识，从而提高其实践操作能力和解决问题能力。这种教学模式的转变，不仅要求教师具备更高的专业素养和娴熟灵活的教学能力，也要求教育管理者为教师提供必要的支持和培训，确保教师能适应新的教学模式。其次，在课程设计上，成人高校学前教育应根据社会需求和学前教育领域的最新发展趋势，不断更新课程内容，引入跨学科知识，强化学习者的综合素质培养。特别是要加强对学习者创新能力和批判性思维能力的培养，通过开展科研项目、创新实验、社会实践等活动，激发学习者的创新意识和探索精神。同时，课程设计还应充分考虑成人学习者的特点，采用灵活多样的教学方式，满足不同学习者的学习需求。

最后，在评价体系上，传统的以知识掌握程度为主的评价方式已经难以全面反映学习者的实践能力和创新能力。因此，成人高校学前教育需要建立一套更加科学、合理的评价体系，将学习者的实践操作能力、创新项目成果、解决问题能力等纳入评价指标，通过多元化的评价方式，如同行评审、实践报告、创新项目展示等，全面评估学习者的学习成果。这种评价体系的建立，不仅能够更准确地反映教育质量，也能够有效激励学习者积极参与实践活动，培养其创新能力。

加强实践和创新能力的培养还需要创建良好的外部环境。成人高校学前教育应当加强与幼儿园、社区、企业等社会实践基地的合作，建立稳定的实习实践平台，为学习者提供丰富的实践机会。同时，还应鼓励学习者参与科研活动、创新比赛、社会服务等，通过实际操作和社会实践，提高其综合职业能力。

新时代对成人高校学前教育提出了更高的要求，特别是在实践和创新能力的培养上。这需要教育者在教学模式、课程设计、评价体系等方面进行全面的创新和改革，同时创建良好的外部环境，为学习者提供丰富的实践机会和创新平台。只有这样，才能培养出既具有扎实理论基础，又具备强大实践和创新能力的学前教育人才，满足新时代的发展需求。

四、实现数字技术与教学的有效整合

在新时代的大背景下，成人高校学前教育面临着前所未有的挑战和机遇。随着数字技术的飞速发展，社会对教育的需求和期望也在不断升级，特别是对于成人高校学前教育而言，整合数字技术与教学不仅是一个必然的选择，更是提升教育质量和效率的关键途径。在这一背景下，教育工作者需要重新思考和设计教学方法，确保能有效地利用现代数字技术来支持和促进学习。

整合数字技术与教学的核心，在于打破传统教育模式的局限，创造一个更加灵活开放、互联互动和个性自由的学习环境。现代数字技术，特别是互联网和移动通讯技术的广泛应用，为实现这一目标提供了可能。在线学习平台能够提供丰富的资源和工具，支持异地同步或异步学习，打破了地理位置的限制；互动教学软件和虚拟仿真技术能够模拟真实的教学场景，提高学习者的学习兴趣，提高其实践积极性；大数据和人工智能技术的应用，可以对学习者的学习过程进行个性化定制并实时反馈，帮助学生更有效地掌握知识和技能。

要实现数字技术与教学的有效整合，教育工作者面临着多重挑战。最重要的是技术与技能的挑战，许多教师在数字技术方面的知识和技能相对欠缺，这就要求教育机构必须投入相应的资源进行专业培训，确保教师能够熟练使用各种教学软件和工具。此外，教学理念的更新也是一个重大的挑战。传统的教学模式往往强调知识的传授，而忽视了学习者的主动性和创造性。在数字技术整合的新模式下，教师更重要的角色是引导者和协助者，这就要求教师转变教学观念，设计出更加开放、互动和学生中心的教学活动。

为了有效地整合数字技术与教学，成人高校学前教育还需要考虑以下几个方面的内容。

首先是教育内容的更新和优化。在数字技术的支持下，教育内容不仅可以更加丰富多样，还可以更加贴近实际，增强学习的应用性。通过在线资源库、虚拟实验室等形式，教育者可以将最新的科研成果、行业动态和社会问题引入课堂，激发学生的学习兴趣和探究热情。

其次是评价机制的改革。传统的考试和测试主要评价学生对知识的记忆和理解，难以全面反映学生的综合能力和学习进步。数字技术提供了更加多元和灵活的评价工具，如在线互评、项目作业、学习过程记录等，使教师可以更加客观和全面地评价学生的学习成果。

在新时代的成人高校学前教育中，整合数字技术与教学是提升教育质量和效率的关键。这不仅需要教育者持续地提升自身的技术能力和更新教学理念，还需要教育管理者和政策制定者提供支持和保障，包括资金投入、政策引导、技术培训和评价机制改革等。只有这样，成人高校学前教育专业才能在新时代的大潮中乘风破浪，培养出更多适应社会发展需要的高素质人才。

五、促进教育高质量发展

随着社会的快速发展，大众对教育质量的要求越来越高，教育高质量发展和公平包容成为教育改革的关键词。为了适应这一新的要求，成人高校学前教育需要进行适当的调整和优化，特别是要在促进教育公平和包容性方面做出努力，确保每一个学习者都能享有高质量的教育资源，从而为他们的全面发展打下坚实的基础。

随着社会对教育质量要求的提高，成人高校学前教育也面临着提质扩优的压力。不仅要提高教学质量，更要扩大优质教育资源的覆盖面，让更多的学习者能够受益。成人高校要充分重视现时代继续教育人才“重塑”的机会，通过引入先进的教育理念和教学方法、加强师资队伍的建设，保证教育教学的质量和人才输出的质量。同时，还应加大投资、优化资源配置等方式，扩大优质教育资源的覆盖范围，特别是要向农村、边远地区和少数民族地区倾斜。这就需要成人高校在招生、教学资源分配等方面采取更加公平合理的措施。例如，通过设立特别教育基金，支持来自经济困难家庭的学生接受优质的学前教育；实施差异化的招生政策，确保农村、边远地区和少数民族地区的学习者能够公平地参加成人高校学前教育专业的学习。

成人高校学前教育的改革和发展还需要政策与社会各界的支持。这包括制定更加科学合理的政策法规，鼓励和引导社会资本投入学前教育，建立健全的教育质量评价体系，创设利于教师成长的发展环境等。通过这些措施，可以为成人高校学前教育的公平和包容性改革创造更加有利的外部条件，促进该专业健康可持续地发展。

综上所述，新时代对成人高校学前教育提出了更高的要求，特别是在促进教育高质量方面。这需要成人高校在政策、资源、方法等多个方面进行适时的调整和优化，以确保每个学习者都能享受到高质量的教育，从而为他们的全面发展和未来的成功打下坚实的基础。通过共同的努力，我们有理由相信，成人高校学前教育将自信地迎接挑战，实现自身的跨越式发展，为建设更加健康、优质的教育环境做出重要贡献。

第二节　新时代成人高校学前教育的发展趋势与挑战

在当代社会，随着科技和经济的发展，成人高校学前教育作为满足成年人学习需求的重要途径，其发展也受到了一系列新趋势和挑战的影响。本节就个性化和灵活化的教育需求增长、技术应用和在线教育、教育质量保障等方面展开论述。

一、个性化和灵活化的教育需求增长

随着社会对多元价值包容性的增强，成人高校学前教育面临着来自学习者更加个性化和灵活化的教育需求。这要求教育者设计更为灵活多样的课程和学习路径，满足不同学习者的个性化需求。生活节奏加快、工作压力增大，导致很多成年人无法像传统意义上的学生那样全职投入学习。因此，他们对于学前教育的需求更倾向于灵活性和个性化。有的人希望通过短期培训快速提升某项技能，而有的人更倾向于在工作之余进行长期的深度学习。这就要求教育机构有能力提供多样化的学习选择，包括不同形式的课程设置、线上线下结合的学习模式等，以满

足不同学习者的需求。

新时代教育高质量要求强化了成人高校学前教育的教育者对个性化、灵活化学习方式的期待。成人高校学前教育的特殊性及学习者的背景和学习需求等个别差异决定，教学和实施的要求相对复杂，管理难度较高。在这样的背景下，精准落实全纳教育、终身教育，让每一个学习者都能获得成长，才称得上高质量教育。而成人教育的改革与成效、政策与导向，都让学习者看到了个性化学习和灵活化学习的希望。因此，如何保证教育质量成了一个亟待解决的问题。一方面，教育机构需要建立起科学完善的教学体系，改善课程的设置，确保教学内容与时俱进、符合学习者需求；另一方面，成人高校需要加强对教师队伍的培训和管理，提升教师的教学水平和专业素养，从而保障教学质量的稳定提升。同时，还需要建立健全的教学评估和监督机制，对教育质量进行动态监测和评估，及时发现问题并加以解决。

技术的应用和在线教育的发展为成人高校学前教育的学习者提供了个性化和灵活化学习的可能性。随着互联网技术的不断普及和成熟，线上教育成为一种重要的教育方式。教育者可以通过在线教育平台进行授课，使学习者可以随时随地进行学习，克服了时间和空间的限制。同时，利用人工智能等新技术，可以更好地满足学习者个性化学习的需求，比如智能推荐系统可以根据学习者的兴趣和学习历史推荐适合的课程内容，个性化辅导系统可以根据学习者的学习情况提供个性化的学习指导。然而，技术应用和在线教育也面临着一些挑战，比如如何保证在线教育的教育质量、如何确保学习者的学习积极性等问题，也都需要得到更好的解决。

随着社会的发展和教育理念的变革，成人高校学前教育面临着越来越多的新趋势和挑战。只有不断适应和应对这些挑战，才能更好地推动该专业的健康发展，为社会培养更多复合型人才。

二、在线教育和远程学习的兴起

新时代成人高校学前教育正处于全新的发展阶段，在线教育和远程学习兴起是重要的发展趋势，尤其是互联网和数字技术的普及，让在线教育和远程学习成为成人高校学前教育的重要组成部分。这带来了许多机遇，同时也带来了一些挑战，教育机构需要在整合线上线下资源、保证教学质量和学习效果等方面持续发力。

在线教育和远程学习的兴起，使学习者可以根据自己的时间和地点安排学习计划，不再受制于传统课堂教学时间和地点的限制。这对于那些工作繁忙、家庭责任重的成人学习者来说，是一种重要的解放，使他们更容易融入学习，提高学习的积极性和效率。

在线教育和远程学习的发展为成人高校学前教育提供了更为丰富多样的学习资源。通过网络平台，学习者可以获取到来自世界各地的优质教育资源，包括在线课程、教学视频、电子书籍等，获得了更广阔的学习空间和更丰富的学习内容。同时，由于在线教育具有较低的成本，一些名校或专业教育机构也开始将自己的课程开放给更多的学习者，使得高质量教育资源得以普及和共享。

随之而来的挑战也不可忽视。首先，由于在线教育和远程学习的特点，学习者与教师之间的交流和互动可能受到限制，这对于一些需要实时互动和讨论的学科来说，可能会影响教学效果。可以通过在线讨论、视频会议等方式弥补这一不足，但如何保证在线互动的有效性，也是一个重要的问题。

由于在线教育和远程学习的发展速度较快，市场上出现了大量在线教育平台和学习资源，但质量良莠不齐。一些低质量的在线课程和培训机构存在着教学内容不丰富、教学质量不高等问题，这可能会影响到学习者的学习效果和学习体验。因此，教育机构需要加强对在线教育平台和学习资源的监管，提高教学质量和服务水平，确保学习者能获取到优质的教育资源。

由于在线教育和远程学习还未全面普及，一些传统的教育机构和教师可能存在一定的抵触情绪，认为在线教育和远程学习无法取代传统面对面的教学模式，也有的教师担心在线教育会影响到他们的教学地位和收入。因此，教育机构需要通过加强对教师的培训和引导，提高教师对在线教育和远程学习的认识和接受度，推动教育教学模式的创新和转型。

人工智能迎来了第四次浪潮，AI在改变千行百业。在数字化背景下的成人高校学前教育应如何实现迭代，教育方法应如何升级，教师角色应如何转变，这都是在新时代面临的巨大发展机遇及挑战。我们需要深刻认识并积极应对，依据成人学生和学前教育的特点，充分整合线上线下资源，提高教学质量和服务水平等方式，推动无限的、自由的、移动的数字教育的健康发展，为成人学习者提供更好的学习体验和更广阔的发展空间。

三、教育内容与方法的创新需求

创新教育内容与方法，是新时代背景成人高校学前教育可持续发展的必经路径。首先，新时代要求学前教育内容与方法更加贴近社会需求与实际，更加注重培养学生的综合素质和创新能力。其次，随着科技的不断发展，教育手段和技术也在不断更新，传统的教学模式已经不能满足现代学生的学习需求，因此需要引入新的教学手段和技术。

在教育内容方面，新时代成人高校学前教育需要不断调整和更新课程内容，以适应社会发展的需要。传统的学前教育注重知识的传授，但在当今社会，仅仅掌握知识是远远不够的，更需要学生具备创新思维、团队合作、解决问题等综合能力。因此，学前教育的内容应该更加注重培养学生的综合素质，包括语言表达能力、社交能力、审美能力、健康意识等。同时，还应该注重培养学生的创新能力，引导学生逐渐生成自主学习能力以及可持续发展的核心能力等。

在教育方法方面，成人高校需要与时俱进，引入更加灵活多样的教学手段和技术。传统的教学模式主要是以教师为中心的讲授式教学，但这种教学模式往往容易使学生产生厌学情绪，从而影响学习效果。因此，新时代成人高校学前教育应该采用更加开放、灵活的教学方法，例如翻转课堂、项目学习、合作学习等。其中，翻转课堂是一种颠覆传统教学模式的教学方法，它将课堂上的讲授内容转移到课堂外完成，而将课堂时间用于学生讨论、实践和解决问题，这样可以更好地激发学生的学习兴趣，提高学习效果。而项目学习和合作学习可以培养学生的团队合作精神和创新能力，让他们在实践中学习，提高解决问题能力。

教育内容与方法的创新面临的挑战主要表现在以下几个方面。首先，教育体制和制度的不完善制约教育的创新。当前，我国成人高校学前教育的体制和制度相对僵化，缺乏灵活性和创新性，这导致教学内容和方法难以及时调整和更新。

其次，教育资源的不均衡制约教育的创新。由于地区经济发展水平和教育投入的不平衡，一些地区的成人高校学前教育资源匮乏，教师队伍素质不高，教学设备和技术条件落后，这给教育创新带来了诸多困难。最后，教育教学改革需要全社会的支持和参与。

新时代，教育方法的变化是革命性的，教育内容与方法的改革创新势在必行。我们需要不断调整和更新教育内容，注重培养学生的综合素质和创新能力。同时，引入更加灵活多样的教学手段和技术，以提高教学效果和质量。然而，教育创新也面临着一些困难和挑战，需要全社会共同努力来克服。只有这样，我们才能更好地适应新时代的要求，为培养高素质人才做出更大的贡献。

四、师资队伍建设的挑战

在新时代，成人高校学前教育的发展面临着多重挑战与机遇。其中，师资队伍建设尤为重要，因为教师素质直接关系到教育质量和效果。新时代对教师的要求更高，需要他们具备更全面的专业知识、教学技能和数字技术应用能力。在这样的背景下，成人高校学前教育师资队伍建设面临的主要挑战可以概括为以下几个方面。

首先，如何吸引优秀人才加入成人高校学前教育的师资队伍？与传统的学前教育相比，成人高校学前教育的工作环境和待遇往往相对较差，这使得吸引优秀人才成为一项挑战。为了解决这一问题，成人高校可以通过提高薪资福利待遇、提供职业发展晋升机会、营造良好的工作氛围等方式来吸引优秀人才。此外，还可以加强与相关专业院校的合作，建立师资培训和交流机制，吸引更多有志于从事学前教育的优秀毕业生加入师资队伍。

其次，如何培养出高素质的教师队伍？成人高校学前教育的特点是学习者群体较为成熟，教学方式需要更加灵活和个性化，教师需要具备更强的沟通能力、教学技巧和情感管理能力。因此，针对成人高校学前教育的特点，需要设计并实施针对性的教师培训计划。这些培训计划不仅要注重教师的专业知识和教学技能的提升，还要注重培养教师的情感认知和沟通技巧。同时，成人高校还可以通过与企业合作开展实践教学的方式，丰富教师的教学经验，提升教师的实践能力。

最后，如何保留高素质的教师队伍？由于成人高校学前教育的待遇和工作环境相对较差，教师普遍存在着流动性大的问题。长期以来，教师流失一直是学前教育领域的一个难题。为了解决这一问题，成人高校可以通过改善教师的工作环境和待遇，提高他们的工作满意度和归属感。此外，还可以加强与教师的沟通和交流，了解他们的需求和想法，及时解决他们的困难和问题，提升他们的工作积极性和工作动力。同时，还可以建立健全的激励机制，对教师进行奖励和表彰，激发他们的工作热情和创造力，提高他们的职业认同感和归属感。

成人高校学前教育的师资队伍建设面临着吸引优秀人才、培养高素质教师和保留人才的挑战。为了解决这些挑战，需要采取一系列措施，包括提高薪资福利待遇、加强与专业院校的合作、设计针对性的教师培训计划、开展实践教学、改善工作环境和待遇、加强与教师的沟通和交流、建立健全的激励机制等。只有这样，才能够建设出一支高素质、稳定的教师队伍，推动成人高校学前教育的健康发展。

五、教育评估和质量保障体系建设面临的挑战

建立和健全教育评估机制和质量保障体系，是提升当前的成人高校学前教育专业发展水平和问题预判、控制的重要手段，但是在新时代背景下，同样也面临诸多困难与挑战。

第一，教育评估方法需要创新。教育评估方法的创新对于成人高校学前教育的发展非常重要。传统的评估方法已经无法满足当前复杂多样的教育需求。因此，需要引入更多的创新方法，包括但不限于基于数据的评估、综合评估模型、学生参与评估等。例如，教师可以利用大数据技术对学生学习情况进行跟踪和分析，以便更好地了解学生的学习进展和需求，从而调整教学策略和课程设置。同时，综合评估模型可以综合参考多个方面的指标，如学生学业成绩、教师教学质量、教学资源配置等，全面评估教育质量和学校绩效。此外，学生参与评估也是一种重要的方法，可以让学生更直接地参与到教育质量的评价中来，增强其对教育的满意度和认同感。

第二，评估结果需要有效运用。评估结果的有效运用是建立教育评估体系的重要目标之一。评估结果不应该仅仅成为简单的数据报告，而应该被广泛运用于

教学改进和决策制定中。这需要学校和教育管理部门建立起一套完善的反馈机制并采取相应的措施，确保评估结果能及时被相关人员了解。例如，学校可以通过定期举办教学改进研讨会或成立教学改进小组的方式，让教师们共同分析评估结果，并探讨如何改进教学方法和课程设置。同时，教育管理部门需要及时关注评估结果，及时采取措施解决可能存在的问题，确保教育质量得到有效提升。

第三，教育评估和质量保障体系的建设需要充分考虑到成人高校学前教育的特点和挑战。与传统的学前教育相比，成人高校学前教育的学生群体更加多样化，他们的学习目标、学习方式、学习能力等方面存在较大差异。因此，在评估和质量保障体系建设的过程中，需要考虑到不同学生群体的需求，采取差异化的评估方法和策略。另外，成人高校学前教育还存在着教学资源不足、师资力量不足等问题，这也对评估和质量保障提出了挑战。建设评估体系时，成人高校需要充分考虑到学校的实际情况，合理配置教学资源，提高教师的专业水平，以确保教育质量得到有效保障。

在成人高校学前教育建设中，建立和完善教育评估和质量保障体系的向度并不是简单地指向方法创新，而是要一个多向奔赴的、复杂的联动系统，包括如何有效运用评估结果来指导教学改进和教育决策，最终的归宿是创设更加优质的成人教育学前教育环境。

第二章　成人高校学前教育专业的转型动因分析

本章深入探讨了促使成人高校学前教育专业转型的主要动因，从宏观角度概述了社会经济变革、技术革新以及学习者的特性与需求三大领域如何共同作用于成人高校学前教育的转型和发展。社会经济变革为成人高校学前教育带来了新的挑战与需求，包括劳动力市场的需求变化、家庭和社会对学前教育质量和内容的期待升级等，这些变化迫使成人高校学前教育需要进行相应的调整和改革，以适应新的社会经济环境。技术革新对成人高校学前教育专业的影响也日益显著。新技术的应用不仅改善了教育教学的手段和效率，也为课程内容的更新、教学方法的创新以及教育模式的变革提供了强大的技术支持和广阔的空间。随着时代的发展，学习者的特性与需求有了巨大改变，这需要高校学前教育专业要采取更多新技术、新方法，提高学习者的学习体验，强化高校的教育成果。

第一节 社会经济变革对成人高校学前教育的影响

一、劳动力市场需求变化

随着社会经济的快速发展和劳动力市场需求的变化，成人高校学前教育领域面临着新的挑战和机遇。首先，随着社会经济的发展，对学前教育人才的需求日益增加，特别是对具有高级教育理念和技能专业人才的需求空前增加。这推动了成人高校学前教育专业的调整和优化。

在过去，学前教育被认为是一种辅助性质的教育，缺少足够的重视。然而，随着社会的进步和人们对教育重要性认识的提高，学前教育的地位日益突出。越来越多的研究表明，优质的学前教育对儿童的身心健康、学习成就以及未来发展具有重要的影响。因此，社会对学前教育的需求不断增加，需要具备专业知识和技能的教育人才来满足这一需求。

随着家庭结构的变化和家长对子女教育需求的提高，对学前教育的需求也在不断增加。在过去，由于家庭结构相对稳定，大多数幼儿在家中接受教育，而学前教育机构的作用相对较小。然而，随着经济发展和城市化进程的加快，越来越多的家长开始意识到学前教育的重要性，希望通过学前教育机构来提升孩子的综合素质。这就需要有更多的学前教育专业人才来满足市场需求。

随着科技的发展和信息化时代的到来，学前教育的教学模式和方法也在发生变化，对教育人才的素质提出了新的要求。传统的学前教育模式主要依靠教师的讲解和示范，但随着数字技术的普及，越来越多的教育资源可以通过互联网获取，学前教育也逐渐向个性化、多样化发展。这就需要学前教育人才具备信息化教育的能力，能够灵活运用各种教育资源和技术手段，为儿童提供更加丰富多彩的学习体验。

随着社会经济的快速发展，人们重视教育投入的意识不断增强，学前教育的市场规模也在不断扩大。越来越多的家庭愿意为孩子接受优质的学前教育付出更多的金钱和精力，这为成人高校学前教育专业的发展提供了巨大的市场空间。社会经济的变革对成人高校学前教育产生了深远的影响，家庭结构的变化和家长对子女教育需求的提高也促使学前教育市场不断扩大。在科技发展和信息化时代的背景下，学前教育的教学模式和方法也在发生变化，对教育人才的素质提出了新的要求。因此，成人高校学前教育专业需要不断调整教学内容和教学方法，培养更加适应社会需求的优秀教育人才，为促进学前教育事业的健康发展做出积极贡献。

二、家庭教育观念的更新

社会经济变革对成人高校学前教育的影响是一个复杂而多层次的议题。其中，对幼儿家庭教育观念的冲击与影响具有重要的意义。因为，家庭教育承载着新时代背景下的历史文化传承和教育价值追寻的时代使命，而家庭教育的核心便是家庭教育观念。新时代，是多元联结和无限联结并存的时代，是物质条件和精神环境逐渐趋向丰盛的时代，在这样一个时代背景下，幼儿家庭教育观念也正在经历深刻的变革，它也势必深刻地影响着学前教育的协同育人模式，也直接影响了家长对学前教育的需求、期望以及对教育专业人员的要求。具体有如下四方面体现。

第一，教育的选择：随着经济的快速发展和城市化进程的加速，家庭结构和生活方式发生了深刻的变化。在传统的家庭模式中，父母可能更多地依赖于家庭成员自发的教育方式，而不太依赖外部的学前教育机构。然而，随着现代生活的节奏加快、家庭工作压力的增加，以及父母教育水平的普遍提高，家长们开始更加重视早期教育，并更倾向于通过专业的学前教育机构来获得更系统化、科学化的教育服务。这种家庭教育观念的更新直接促进了成人高校学前教育专业的发展，推动了教育质量和服务水平的提升。

第二，资源的获取：随着数字技术的快速普及和互联网的发展，家长们对教育资源的获取方式发生了根本性的改变。过去，家长们可能更多地依赖于传统的纸质书籍、课外辅导班等有限的资源来支持孩子的学习。然而，现在他们可以通过互联网获取到丰富多样的学前教育资源，包括在线课程、教育 App、教育视频等数字技术的发展为家长们提供了更多便利，也使他们更加关注学前教育的质量和效果。因此，成人高校学前教育专业需要适应这种趋势，积极利用数字技术手段，提供更多样化、个性化的教育服务，以满足家长和孩子的需求。

第三，价值的判断：社会经济变革也带来了家庭价值观念的更新。随着社会的进步和人们观念的开放，家长们逐渐认识到早期教育对孩子成长的重要性，不再将教育局限于传统的课堂学习，而是更加注重培养孩子的综合素养和社会能力。因此，他们更倾向于选择那些注重全面发展、注重个性特点培养的学前教育机构。这种家庭价值观念的更新，对成人高校学前教育专业提出了更高的要求，要求他们在教育内容和方法上更加注重个性化、多元化，以更好地满足家长和孩子的需求。

第四，教育的投入：社会经济变革也带来了教育消费观念的更新。随着社会经济水平的提高，家庭对教育的投入也越发重视。他们更愿意为孩子的学前教育付出更多的金钱和精力，希望通过优质的教育资源为孩子的未来打下良好的基础。因此，他们更加关注学前教育机构的声誉和教育质量，更愿意选择那些口碑好、教育水平高的机构。这种教育消费观念的更新，迫使成人高校学前教育专业不断提升自身的教育质量和服务水平，以得到更多家长的青睐。

社会经济变革还带来了就业市场的变化，对学前教育专业人员的需求也在不断增加。随着社会的发展，越来越多的家庭开始重视孩子的早期教育，学前教育市场需求不断扩大。因此，对于成人高校学前教育专业的学生来说，他们将更容易找到满意的工作机会，有更广阔的职业发展空间。这也进一步激励着越来越多的人选择学前教育专业，提升了这一专业的整体素质和水平。

社会经济变革对成人高校学前教育的影响是多方面的，其中家庭教育观念的更新尤为重要。随着家庭教育观念的变化，家长们对学前教育的需求和期望也在不断提高，这促使成人高校学前教育专业不断加强教育质量和服务水平，以适应社会的发展需求。在未来，随着社会经济的持续发展和家庭教育观念的进一步更新，成人高校学前教育将面临更多的挑战和机遇，需要不断创新和提升，以更好地为社会培养优秀的幼儿教育人才，为孩子的成长和未来奠定更坚实的基础。

三、经济增长对教育投资的影响

国民收入水平的持续增长对成人高校学前教育产生了深远的影响。在当今社会，随着经济的不断发展，人们对教育的需求也在不断提升，学前教育成为人们关注的焦点之一。这种持续的经济增长为学前教育提供了更多的资金支持，进而加快了教育设施和资源改善周期，为成人高校学前教育专业的发展创造了有利条件。

经济增长为学前教育提供了更多的资金支持。随着国民经济不断发展壮大，国家和社会投入了更多的资金用于学前教育的发展。这些资金可以用于建设和改善学前教育机构的硬件设施，购买教育资源和教具，提高教师的待遇和培训水平，从而提高学前教育的质量和水平。

经济增长促进了教育设施和资源的改善。随着经济的不断发展，城市化进程加快，人口流动增加，对教育设施的需求也在不断增加。例如，修建新的幼儿园、扩建现有的学前教育机构、更新教室设备等，都是经济增长带来的好处。同时，经济的发展也为成人高校购买更多的教育资源和教具提供了条件，如图书、玩具、教具等，这些都能丰富学前教育的教学内容，提高教学质量。

经济的持续增长对成人高校学前教育产生了积极的影响。经济增长为学前教育提供了更多的资金支持，促进了教育设施和资源的改善，同时也为成人高校学前教育专业的发展创造了有利条件。这些都有助于提高学前教育的质量和水平，满足社会对教育的需求，推动社会经济的健康发展。因此，政府和社会应继续加大对学前教育的投入和支持，为学前教育的发展创造更加良好的条件。

四、收入水平提高与教育需求的关系

随着社会经济的变革，人们对教育的需求和投资水平也在发生着变化，这不仅影响了传统的教育体系，也对成人高校学前教育产生了深远的影响。

随着收入水平的提高，家庭更有能力提供优质的早期教育资源给孩子，因此，家庭对教育的投资往往会增加。这包括更好的学习环境、更丰富的教育资料和更专业的教育指导，家长们更愿意将孩子送入优质的学前教育机构接受教育。在这一形势下，家长们开始重视成人高校学前教育专业的培训，希望能够从中获得更多的教育理念和方法，以更好地辅导孩子的成长；学前教育机构的教师，希望通过继续教育提升更能适应时代要求的职业能力。由此，家庭对教育的高期望催生了成人高校学前教育专业的新发展。

随着收入水平的提高，家庭对教育质量的要求也在不断提高。他们希望孩子接受的教育不仅仅是知识的传授，更重要的是能够培养孩子的综合素养和能力。因此，对于成人高校学前教育专业的需求也在不断升级。家长们开始更加关注学前教育专业的教学质量和师资力量，希望能够为孩子选择到最好的教育资源。

收入水平的提高对成人高校学前教育产生了积极的影响。随着众多家庭对教育投资的增加，尤其是对孩子早期教育的投入更加重视，成人高校学前教育专业得到了更多的关注和支持，更多的人转为此专业的学习者。这不仅推动了该专业的发展和扩展，也为孩子的教育提供了更多优质的资源和机会。

随着收入水平的提高，社会对教育的普及程度也在不断提高。越来越多的家庭意识到早期教育的重要性，并愿意为此付出更多的经济和时间成本。这使得成人高校学前教育专业得到了更多的关注和支持。政府和社会组织也开始加大对成人高校学前教育专业的投入和支持力度，从而促进了该专业的发展和壮大。

五、社会结构的变化对学前教育服务的影响

党的二十大报告中提出，“推进以人为核心的新型城镇化”。在新型城镇化背景下，社会结构也发生了巨大变化，如人口结构从以农村为主体变为当前的以城市常住人口为主体；城乡人口结构变化带来居民生产方式、生活方式的巨大变迁；国人的职业结构也发生了巨大变迁，近些年，中国出现了快递员、网约司机、网销人员等新生的职业群体；大城市人口与中小城市人口社会经济地位发生了巨大分化。

社会结构的变化带来成人高校学习者新的特征、新的需求，成人高校学前教育专业需要尽快适应这些变化，根据不同城市地区的教育需求调整课程设置和教学内容，提供更加灵活和多元的教育服务，满足城市居民对于学前教育的需求。许多家庭需要跨地区就业或迁移，这促使孩子的教育需求也呈现出跨地区性。成人高校学前教育专业需要更加关注流动人口子女的教育问题，开设针对性的课程，提供灵活的教学安排。

此外，传统的家庭结构逐渐呈现出多样化，如单亲家庭、核心家庭、跨国家

庭等模式。这些家庭结构的变化对学前教育提出了新的挑战，因为不同类型的家庭对于学前教育的需求和期望也各不相同。成人高校学前教育专业需要更加关注不同类型家庭的教育需求，为学习者提供更加个性化的家庭教育指导服务，促进家庭与学前教育机构的密切合作，共同促进孩子的全面发展。

除了以上方面的影响，社会经济变革还对成人高校学前教育的师资队伍、教育技术、教育管理等方面提出了新的要求。首先，师资队伍需要具备跨地区、跨文化的教育能力，能够适应不同地区、不同文化背景下学前教育的需求。其次，教育技术的应用也需要与时俱进，充分利用现代技术手段，提高教学效果，满足不同学生的学习需求。最后，教育管理方面也需要更加灵活和高效，能够及时调整教学资源配置，满足不同地区、不同家庭的学前教育需求。

第二节　技术革新对成人高校学前教育专业的推动作用

一、数字技术的应用

在当前的教育领域，数字技术的飞速发展为成人高校学前教育专业带来了前所未有的变革和挑战。随着互联网和AI技术的普及，以及在线资源的丰富，数字技术不仅改变了教育内容的传递方式，也重塑了教与学的过程，为成人教育领域带来了新的机遇和挑战。

首先，数字技术的应用大大提高了教育资源的丰富性和可达性。传统上，成人学前教育专业的学习资源相对有限，学习者需要依赖图书馆、教材或是教师的直接授课。然而，随着在线教育资源的爆炸性增长，成人学习者可以轻松访问到各种高质量的学习材料，包括开放课程、教育应用、在线视频讲座、互动教学软件等。这些资源不仅涵盖了广泛的学前教育理论知识，还包括了实践技能的培训材料，极大地丰富了学习内容，提高了学习的灵活性和自主性。

其次，数字技术的应用增强了教育的互动性和个性化。通过在线平台，学习者不再是被动接受知识的容器，而是可以主动参与到学习过程中来。例如，通过在线论坛和社交媒体，学习者可以与同学和教师进行讨论和交流，分享学习心得，解决学习中的疑惑。此外，许多在线教育平台还提供了个性化学习路径的设计，能够根据学习者的学习进度和理解能力调整课程内容和难度，使教育更加贴合学习者的个人需要。

数字技术还为成人高校学前教育的评估和反馈提供了精细化和效能化。在传统教育模式中，评估和反馈往往需要占用大量的教学时间，且形式较为单一。而在数字技术支持下，教师可以利用在线测试、即时反馈系统等工具，高效、多样地进行学习评估。学习者可以通过这些工具及时了解自己的学习情况和进步空间，而教师也可以根据评估结果调整教学策略，实现更加精准和高效的教学。

最后，数字技术还为成人学前教育专业的实践教学提供了新的可能。通过虚拟现实（VR）、增强现实（AR）等技术，学习者可以在虚拟环境中模拟幼儿园教学场景，进行教学实践。这些技术不仅可以提供接近真实的教学体验，还可以安全、便捷地重复练习，帮助学习者更好地掌握教学技能。

然而，数字技术在推动成人高校学前教育专业发展的同时，也带来了一系列挑战。如何确保网络教育资源的质量、如何提高教师的数字技术应用能力、如何保障学习者的信息安全等问题，都需要教育管理者、教师和技术开发者共同努力解决。

总之，数字技术的广泛应用为成人高校学前教育专业的发展开辟了新天地，从而更好地适应时代发展的需求。

二、教育软件和应用的创新

在当前的数字时代，技术革新已经成为推动教育领域发展的关键动力之一，特别是在成人高校的学前教育专业中，教育软件和应用的创新为师生提供了前所未有的学习体验和教学体验。这些创新不仅改变了教育的内容和形式，而且极大地丰富了教学手段和资源，使得学前教育变得更加多元化、互动性强，并且更加贴近学前教育专业学习者的需求。

教育软件和应用的创新使得学前教育内容更加丰富和多样化。例如，通过使用互动教学软件，教师可以引入有关环境保护、健康生活等当代重要议题的教学资源，帮助孩子们从小培养正确的价值观和生活习惯。此外，多媒体和虚拟现实技术的应用，使得儿童能够通过视频、动画、游戏等多种形式，以更加生动活泼的方式学习语言、数学、科学等基础知识，这种多感官的学习方式不仅提高了儿童的学习兴趣，还有助于加深他们对知识的理解和记忆。

教育软件和应用的创新极大地增强了学前教育的互动性和个性化。通过智能教育应用，教师可以根据系统收集和分析数据，了解每个孩子的学习进度、兴趣偏好和潜在困难，从而提供更加个性化的教学支持。此外，一些互动学习平台还允许孩子们通过在线讨论、协作解决问题等方式参与学习过程中，这不仅增强了孩子们的社会交往能力，还激发了他们的创造力和解决问题能力。

教育软件和应用的创新还为学前教育带来了更多的教学资源和工具。借助网络和数字技术，教师和家长可以轻松访问来自全球的优质教育资源，如国际知名的儿童图书、科学实验视频、艺术作品等，这些资源不仅丰富了教学内容，还帮助孩子们拓宽了视野，增进了对不同文化的了解和尊重。同时，一些专门为学前教育设计的软件工具，如故事创作工具、绘画软件、音乐制作应用等，为孩子们提供了展示个人才能和创意的平台，这对于培养孩子们的自信心和独立思考能力具有重要意义。

尽管教育软件和应用的创新为学前教育带来了许多积极影响，但也存在一些挑战和问题需要注意。例如，过度依赖技术可能会减少孩子们的户外活动时间，影响他们的身体健康。同时，数字设备的使用也需要注意保护孩子们的隐私和安全。因此，成人高校学前教育专业的教师和学者们需要不断探索如何在保持技术创新的同时，确保儿童健康成长和全面发展。

三、远程教育的发展

远程教育技术的发展，为成人高校学前教育领域带来了革命性的变革。远程教育通过网络课程、在线平台、虚拟课堂等形式，打破了时间和空间的界限。这为成人学习者提供了前所未有的灵活性和便利性，使他们能够根据自己的时间表和生活安排来学习。对于那些居住在偏远地区、无法轻易前往校园的人，或是那些因工作和家庭责任而无法全职学习的人来说，这一点尤其重要。

远程教育允许成人学习者通过在线课程接触到高质量的教学资源。许多顶尖的教育机构和专业讲师现在都提供在线课程，涵盖从早期儿童发展理论到实践教学方法的广泛主题。通过视频讲座、互动讨论和数字化学习材料，学习者可以深入了解学前教育的各个方面，而无须离开家门。

远程教育平台提供了丰富的互动机会，促进了学习者之间以及学习者与教师之间的交流和协作。通过论坛、即时消息和视频会议，成人学习者可以参与群体讨论中，分享自己的见解，与同伴学习，这种互动不仅增强了学习体验，还建立了一个支持性的学习社区。

远程教育的灵活性意味着成人学习者可以自我调节学习进度，根据个人的理解能力和时间安排来安排学习。这对于那些需要在工作、家庭责任与学习之间找到平衡的成人学习者来说，是非常重要的。他们可以在晚上或周末进行学习，甚至在通勤途中通过移动设备访问学习材料，这种方式极大地提高了学习的可达性和便捷性。

远程教育支持个性化学习。不同于传统教室环境中的一刀切教学模式，在线学习平台通常提供广泛的资源，包括不同难度和深度的课程内容，以满足不同学习者的需求和兴趣。学习者可以根据自己的学习目标和兴趣选择课程，甚至定制学习路径，这在很大程度上增强了学习的相关性和有效性。

远程教育技术的发展，特别是人工智能和数据分析技术的应用，进一步增强了学前教育专业成人高校的教学品质。这些技术可以帮助教师跟踪学习者的进度，识别学习难点，提供个性化的反馈和支持，从而提高学习成效。

远程教育技术的发展不仅提供了灵活性和便利性、打破了学习的时间和空间限制，而且通过提供高质量的教学资源、促进互动交流、支持个性化学习等方式，极大地丰富了学习体验和提高了教育的可达性。随着技术的不断进步，可以预见，远程教育将继续在全球范围内重塑成人教育景观，尤其是在学前教育这一关键领域中。

四、大数据与教育评估

大数据技术的发展与应用，已经渗透到教育领域的方方面面，特别是在成人高校学前教育专业，其影响日益显著。成人教育具有特定的复杂性和挑战性，其学生群体往往具有更多样化的学习背景和需求，因此，传统的教育评估方法难以精准反映教育效果和满足个性化学习需求。在这种背景下，大数据技术的引入，为成人高校学前教育专业提供了一种全新的、高效的评估工具，极大地推动了教育质量的提升和教育方法的创新。

大数据技术使教育评估更加精准和客观。通过收集学生在学习过程中产生的海量数据，包括在线学习行为、作业提交情况、论坛讨论参与度等，教育工作者可以综合分析学生的学习习惯、掌握程度和学习成效。与传统的评估方法相比，这种基于数据的评估可以更全面、更深入地反映学生的学习状况，帮助教师了解到每个学生的具体需求和学习难点，从而实现更加个性化的教学指导。

大数据技术的应用促进了教育资源的优化配置。通过分析大数据，教育管理者可以清晰地了解到哪些课程受欢迎、哪些教学方法效果好、哪些方面的教学资源需求大等信息，从而做出更有针对性的资源配置和调整。例如，如果数据显示在线互动式学习平台的使用效果较好，则学校可以考虑增加此类平台的投入，提高其可用性和功能性，以满足更多学生的学习需求。

大数据技术有助于教学方法的创新。通过对大量教学活动数据的分析，教师和教育研究人员可以发现哪些教学方法更能激发学生的学习兴趣、哪些评估方式更能准确反映学生的学习成效，从而设计出更加有效、更能促进学生主动学习的教学策略。此外，基于大数据的预测分析功能，还可以预测学生的学业表现和发展趋势，为教育干预提供科学依据，以预防学业失败和提高教育成效。

大数据技术在提升教育评估效率的同时，也带来了新的挑战，特别是数据安全和隐私保护问题。因此，在应用大数据技术进行教育评估时，成人高校需要建立严格的数据管理和保护机制，确保学生信息的安全和隐私不被泄露。

数据技术的引入为成人高校学前教育专业带来了深远的影响。它不仅为教育评估提供了更加精准、高效的工具，促进了教育资源的优化配置和教学方法的创新，也为个性化教学和教育公平提供了重要支持和推动。

五、人工智能在教育中的应用

人工智能（AI）技术在教育领域的应用，特别是在成人高校学前教育专业，正在开辟新的学习方式，为学前教育师资培养提供了更为丰富和多元的教学方法。这些技术不仅增强了学习体验，还为教育工作者和学习者带来了前所未有的便利和效率。

智能教学系统和虚拟现实（VR）技术作为人工智能在教育中应用的两个主要方面。通过智能教学系统的应用，成人高校可以为学前教育专业的学生提供个性化学习路径，使得学习过程更加贴合每个学生的特点和需要。智能系统能够根据学生的学习进度、偏好和弱点自动调整教学内容和难度，确保每个学生都能在适合自己的节奏中学习和进步。

虚拟现实技术为学前教育专业的学生提供了沉浸式学习体验。通过VR技术，学生可以进入虚拟的学前教育环境中，进行角色扮演，模拟真实的教学场景，如课堂管理、互动教学等。这种沉浸式体验不仅能够增强学生的学习动机，还能帮助他们更好地理解和掌握学前教育的知识和技能，尤其是那些难以通过传统教学方法学习的技能。

人工智能技术的应用还促进了成人高校学前教育专业教学模式的创新。人工智能技术的引入，使得远程教育、混合学习等新型教学模式成为可能。学生可以通过网络平台接触到更广泛的资源和内容，同时，智能算法还能为学生提供定制化的学习建议和资源，从而提升学习效率和效果。

在教学评估方面，人工智能技术也展现出巨大潜力。传统的评估方法往往耗时且主观性较强，而智能评估系统可以快速准确地分析学生的作业和试卷，提供客观公正的评估结果。此外，这些系统还能够跟踪学生的学习进度和表现，为教师提供重要的数据支持，帮助他们更好地理解学生的学习情况，及时调整教学策略。

当然，人工智能技术在教育中的应用也存在一些挑战和限制。技术实施的成本、数据隐私和安全问题、技术对学生社会技能发展可能产生的影响，都是需要关注的问题。因此，高校在引入人工智能技术时，需要综合考虑这些因素，确保技术的应用既能提高教育质量，又能保护学生的权益。

总之，人工智能技术在成人高校学前教育专业的应用，正推动着教育教学模式的革新，为未来的教育创新和发展打开新的可能。

第三节 学习者的特性与需求

一、学习者年龄结构的多样化

在当今多元化的教育环境中，成人高校学前教育面临着前所未有的挑战与机遇。其中最显著的一点是，学习者年龄结构的多样化。这一现象不仅反映了社会对终身学习价值观的认可，也体现了个体对于持续发展和自我完善的追求。然而，这种年龄层次的宽广也给教育提供者带来了诸多考验，尤其是在满足不同年龄群体具体需求方面的挑战。

不同年龄层的学习者在认知发展、学习动机、时间管理能力以及技术熟练度等方面存在显著差异。例如，年轻的成人学习者可能更倾向于使用技术手段进行学习，拥有较高的技术适应能力和学习新事物的兴趣。相比之下，中老年学习者可能更重视课程内容的实用性，更偏好于面对面的互动方式，同时，在使用新技术进行学习时可能面临更多的挑战。

因此，针对这种多样化的学习者群体，成人高校学前教育需要采取更加灵活和个性化的教学策略。这包括但不限于课程设计、教学方法、学习资源的提供以及评估方式的多样化。在课程设计方面，教育提供者应当考虑到不同年龄层学习者的具体需求，设计包含多种学习路径的课程，使学习者能够根据自己的兴趣、学习目标和时间安排灵活选择。

在教学方法上，应充分利用现代技术手段，如在线学习平台、虚拟现实（VR）技术和增强现实（AR）技术等，为学习者提供丰富的学习体验。同时，也不应忽视传统的面对面教学的重要性，尤其是对于那些偏好人际互动和需要更多指导的学习者。因此，混合式学习模式——将在线学习与面对面教学相结合——成为一种理想的教学策略。

在学习资源的提供上，教育机构应当充分考虑到材料的可获取性和多样性，确保所有学习者都能根据自己的学习风格和偏好找到合适的学习材料。评估方式也需要多样化，以适应不同学习者的特点。传统的考试和作业可能不适合所有人，特别是对于那些有着丰富工作经验但缺乏考试应对策略的成年学习者。项目式学习、同行评估、自我评估以及基于能力的评价等方法可以提供更全面、更公平的评估方式。

除了教育提供者需要做出的努力外，社会各界也应当支持成人教育的多样化需求。这包括提供资金支持、增加公共教育资源的可访问性、鼓励企业参与成人教育项目等。只有通过多方的共同努力，我们才能真正实现一个包容、灵活且能满足所有学习者需求的教育系统。

二、终身学习意识的提升

随着社会的快速发展和经济的全球化，终身学习已经成为人们适应时代变化、满足个人职业发展需求的重要方式。终身学习不仅仅是一个理念，它代表着一种生活方式，一种持续学习、不断探索和实现自我提升的态度。在这样的背景下，成年人对持续教育和自我提升的需求越发显著，这也对成人教育，尤其是成人高校学前教育专业提出了新的挑战和要求。

成人高校学前教育专业作为培养早期教育师资的重要途径，其在适应终身学习理念普及的趋势中，面临着诸多机遇和挑战。为了满足成年学习者日益增长的教育需求，必须采取多样化的教育策略和方法，提供灵活多样的学习路径和机会，以适应不同学习者的需求。

成人高校学前教育专业需要通过课程设计和教学方法的创新，来满足成年学习者的多样化需求。成年学习者往往拥有更为丰富的生活和工作经验，对学习的需求更加具体和目的性明确。因此，成人教育课程应更加注重实用性和应用性，强调知识与实践的结合，提供更多与工作相关的、能够立即应用到职业生活中的技能培训。同时，采用成人学习理论，如安德拉戈吉（Andragogy）原理来指导教学，更加注重学习者的自主性、经验的价值和学习的即时性。

成人高校学前教育专业应利用现代数字技术，如在线教育平台和远程教育资源，提供灵活的学习方式和环境。线上学习已成为终身学习的重要手段。成人教育机构可以通过建立在线学习平台，提供网上课程、虚拟研讨会、在线工作坊等多种形式的学习资源，使学习者能够根据自己的时间和地点的限制，灵活安排学习计划，从而更好地融入工作和生活之中。

成人高校学前教育专业还需要加强与行业的联系，建立学习与职业发展的桥梁。这可以通过开展实习实训项目、邀请行业专家讲座、组织行业考察等方式实现。通过这些实践活动，不仅可以增强学习者对所学知识的理解和应用能力，也能帮助他们建立起宝贵的职业网络，为未来的职业发展奠定基础。

三、职业发展需求

成人学习者在选择学前教育专业的学习时，通常带有明确的目标——实现职业发展和转型。这种需求源于对个人职业生涯发展的规划和期待，也反映了当代社会对学前教育专业人才的需求和重视。成人学习者选择学前教育专业，往往是基于对儿童教育的热爱，以及对该领域职业发展潜力的认识。因此，教育专业的课程设计和教学方法需满足成人学习者在职业发展方面的特殊需求。

成人学习者追求的不仅仅是理论知识的积累。成人学习者更看重的是如何将这些知识应用于实际工作中，以及这些知识如何帮助他们在职业生涯中取得成功。因此，学前教育专业的教育者需要将课程内容与实际工作情境相结合，设计出既有深度又有广度的教学计划，确保学习者能够通过课程学习掌握最新的教育理论，同时能够熟练地运用到工作实践中。

职业技能的培养是成人学习者非常关注的另一个方面。在学前教育领域，这不仅包括与儿童直接相关的教学技巧和管理技能，也包括课程设计、评估、家长沟通等能力。因此，学前教育专业的课程设计应当注重实践技能的培养，通过实习、工作坊、案例分析等形式，让学习者有充分的机会将理论知识应用于实践，从而培养出能够独立解决问题的能力。

考虑到成人学习者在学习过程中可能会面临的时间和空间限制，灵活多样的学习方式显得尤为重要。在线课程、混合学习模式、周末或晚间课程等，可以为成人学习者提供便利，使他们能够在工作和家庭责任之余，继续追求职业发展目标。这种灵活的学习模式不仅能够吸引更多成人学习者加入学前教育专业的学习，也有助于他们更好地平衡学习、工作和家庭生活。

在职业发展的过程中，成人学习者还需要得到有效的指导和支持。学前教育专业的教育机构应建立一套完善的职业发展指导体系，包括职业规划咨询、实习机会提供、职业技能培训等，以帮助学习者明确自己的职业目标，规划职业路径，增强就业竞争力。同时，通过与幼儿园、早教中心等相关机构建立合作关系，可以为学习者提供更多的实践机会，帮助他们积累宝贵的工作经验，为未来的职业发展打下坚实的基础。

四、技术适应能力的差异

在当今社会，数字技术（IT）已成为教育、工作乃至日常生活中不可或缺的一部分。成人学习者作为成人高校学前教育专业的重要组成部分，他们在数字技术应用能力上的差异性，对课程设计和教学方法提出了更高的要求。本文将从成人学习者的技术适应能力差异出发，探讨如何通过灵活多样的课程设计和教学方法，来满足不同学习者的技术需求，促进其在学前教育专业的学习效果。

成人学习者在数字技术应用能力上的差异性主要来源于其年龄、学习背景、职业需求以及对新技术的接受度等方面。年轻的成人学习者通常能够快速掌握和应用新的数字技术。而年长的学习者接触新技术时可能会感到陌生和困难，需要更多的时间和指导来适应和学习。因此，成人高校在设计学前教育专业的课程和教学方法时，必须考虑到这种差异性，以确保每一位学习者都能有效地利用数字技术来支持其学习。

为了适应成人学习者在技术应用能力上的差异，成人高校可以采取多种策略。首先，课程设计应充分考虑技术的基础教育和逐步深入的原则。对于基础较差的学习者，可以设置入门级的数字技术课程，如基础的计算机操作、互联网搜索技巧、基本的办公软件应用等，这有助于他们建立起对数字技术的基本认识和操作能力。对于那些技术基础较好的学习者，可以通过提供更高级的技术课程，如高级数据分析、在线教学资源的开发与应用、多媒体教学内容的设计等，来进一步提升他们的技术应用水平。

教学方法的创新也是适应成人学习者技术适应能力差异的关键。教师可以采用混合式学习模式，结合线上与线下的教学资源和活动。线上学习平台可以为学习者提供灵活的学习时间和丰富的学习资源，学习者可以根据自己的技术水平和学习需求，选择合适的学习内容和进度。同时，线下的面对面教学和实践活动则可以加强师生之间的互动，帮助学习者解决学习过程中遇到的技术问题，增强其技术应用的信心和能力。

成人高校还可以利用数字技术本身的优势，开发个性化的学习支持系统。这种系统可以根据学习者的技术水平和学习进度，提供个性化的学习建议、资源推荐和学习路径规划。通过这种方式，学习者可以在自我驱动的学习过程中，更有效地利用技术资源，提升学习效率和效果。

综上所述，成人学习者在数字技术应用能力上的差异性，要求成人高校学前教育专业在课程设计和教学方法上做出相应的调整和优化。通过提供从基础到高级的技术教育、创新教学方法以及开发个性化的学习支持系统，可以有效地满足不同学习者的技术需求，促进其在学前教育领域的专业成长。在数字技术日益发展的今天，将技术教育融入成人教育，不仅可以提升成人学习者的技术应用能力，更能够为他们在未来的职业生涯中奠定坚实的基础。

五、个性化与灵活性的需求

在当前社会，随着知识更新速度的加快和职业生涯需求的多样化，成人教育正逐渐成为一个被广泛关注的领域。特别是对于成人高校学前教育专业的学习者来说，他们面临的是工作、家庭以及学习三者之间的平衡挑战。这一挑战促使教育者和教育机构不断思考和探索更加个性化和灵活的教育模式，以满足成人学习者的特殊需求。

个性化与灵活性的需求，首先来源于成人学习者群体的多样性。与传统的学生群体相比，成人学习者在年龄、职业背景、学习目的和时间可用性等方面存在着较大差异。有的成人学习者可能已经是某一行业的专家，希望通过学习获得新的职业发展机会，有的可能是寻求职业转换的在职员工，需要学习新的知识和技能，还有的可能是家庭主妇（或家庭主夫），希望通过学习提升自己的教育水平和个人素养。这些不同的学习需求要求教育内容和方式具有高度的个性化和灵活性。

个性化教育模式的实施，意味着教育内容和进度可以根据每个学习者的特定需求进行调整。例如，通过采用混合学习（Blended Learning）模式，将线上学习与面对面教学相结合，可以为成人学习者提供更灵活的学习时间和环境选择。在线学习平台的使用，让学习者可以根据自己的时间安排自主学习，同时也能通过线下课程获得更加直接的师生互动和同伴支持。此外，课程内容的模块化设计也使得学习者可以根据自己的兴趣和需求，选择最适合自己的学习模块进行深入学习，而不是被迫接受一个统一的、可能并不完全适合自己需求的课程体系。

灵活性的需求不仅体现在学习时间和内容的选择上，也体现在评估和认证机制上。成人学习者往往更加注重学习成果能否被实际工作和生活认可和应用，因此，传统的以考试成绩为主的评估方式可能不再适用。更加灵活的评估方式，如项目式学习、同伴评价、自我反思报告等，可以更好地反映学习者的实际学习成效和应用能力。同时，开放的学习成果认证，如微证书、数字徽章等，也为学习者提供了更多样化的展示自己学习成果的渠道。

此外，个性化和灵活性的实现，还需要教育技术的支持。人工智能、大数据分析等技术的应用，可以帮助教育者更好地理解学习者的需求和学习习惯，从而提供更加个性化的学习资源和建议。同时，这些技术也能够支持更灵活多样的学习方式，如翻转课堂、自适应学习等，进一步提高学习的效率和效果。

第三章 转型中的成人高校学前教育课程体系重构

本章深入探讨了新时代背景下成人高校学前教育课程体系面临的重构需求。随着社会发展和教育理念的更新，原有课程体系暴露出不适应现代教育需求的问题与挑战，如内容陈旧、缺乏灵活性和创新性等，这要求教育者对课程体系进行深刻的反思和调整。在新时代的大背景下，课程体系的设计理念也随之转变，更加强调满足社会与个体发展的需求，尤其是将“课程思政”融入课程体系的设计之中，体现了教育内容与国家发展、社会进步的紧密联系，旨在培养学生的社会责任感、历史使命感和综合素质。针对课程体系重构的实践探索与案例分析部分，本章通过实际案例展示了课程体系重构的具体做法和成效，包括但不限于课程内容的更新、教学方法的创新以及课程评价方式的改进。这些案例不仅提供了可行的实践指导，还反映了课程体系重构在提高教育质量、满足学习者需求方面的积极成果。

第一节 传统课程体系的问题与挑战

一、呈现刚性与单一性

传统的成人高校学前教育课程体系在设计和实施过程中，展现出明显的刚性与单一性特点，这在很大程度上限制了其有效适应快速变化的教育需求和社会发展趋势的能力。在当前社会经济快速发展、科技进步日新月异、教育观念持续更新的背景下，这种刚性和单一的课程体系日益显示出其局限性和问题，不仅影响了成人教育的质量和效果，也限制了成人学习者个性化、多元化学习需求的满足。

刚性的课程设置往往意味着课程内容、教学方法、评价方式等方面的固定化和统一化。在这样的课程体系下，课程内容往往是根据传统的教育观念和知识体系设定，难以及时反映新的教育理念、科学技术进步和社会发展的要求。教学方法也多采用传统的授课方式，即以教师为中心，以讲授为主，学习者在学习过程中的主动性和创造性得不到充分发挥。评价方式多依赖于考试和测试，以书面考试的形式来衡量学习者的学习成果，这种方式难以全面、客观地评价学习者的学习过程和能力发展，也不利于激发学习者的学习兴趣和动力。

单一的课程体系、内容和形式难以满足成人学习者多样化、个性化的学习需求。单一化的课程体系往往采用“一刀切”的教学内容和方法，难以适应不同学习者的具体需求。这不仅降低了学习效率，也可能导致影响学习者的学习决策和学习体验。

传统的课程体系在更新和调整方面的灵活性不足，难以及时反映和适应社会发展和教育需求的变化。教育内容和方法的更新换代需要经过长时间的审核、评估和批准过程，这使得课程内容往往滞后于时代发展的步伐。在知识更新速度极快的今天，这种滞后性使得成人教育难以为学习者提供最新、最有价值的知识和技能，影响了成人教育的质量和效果。

面对这些问题，成人高校学前教育课程体系急需改革和创新，以增加其灵活性和多样性，更好地适应快速变化的教育需求和社会发展趋势。这包括更新课程内容、引入新的教育理念和教学方法、多样化评价方式，以及加快课程更新和调整的灵活性等方面。通过这些措施，可以提高成人教育的质量和效果，更好地满足成人学习者的多样化和个性化需求，为他们的个人发展和职业生涯提供有力支持。

二、实践教学薄弱

在传统的教学体系中，实践教学往往成为一个薄弱环节，这不仅是因为实践教学环节不足，还因为缺乏有效的实施策略。这种缺陷引发了一系列的问题，在学生无法充分融入实际工作环境、缺乏实践能力和创新思维方面尤为显著。本部分文章将详细探讨这一问题及其背后的原因，并提出一些可能的解决途径。

实践教学的缺失或不足，是许多传统教育体系中普遍存在的问题。在这些体系中，课堂教学主要侧重于理论知识的传授，而将实践教学作为辅助或可选项。这种做法忽略了知识学习和应用之间的桥梁——实践，导致学生虽然掌握了大量理论知识，但在将这些知识应用到实际问题解决的过程中往往感到力不从心。即使在提供实践教学的课程中，也常因缺乏有效的实施策略而难以达到预期效果。有效的实践教学策略应包括对实践内容的精心设计，以确保其与学生的学习目标和未来职业路径紧密相关，对实践活动的充分准备，包括提供必要的资源和支持，以及对实践成果的及时反馈和评估，帮助学生认识到自己的进步和不足。然而，由于资源的限制、教师经验的不足或短视，这些策略往往流于形式，难以得到有效实施，导致实践教学成效不佳。

针对上述问题，有几个可能的解决途径。

首先，需要重新评估和设计教育课程，增加实践教学的比重，确保学生有足够的机会通过实际操作来学习和应用知识。其次，开发和实施有效的实践教学策略，确保实践活动既具有挑战性，又能够紧密结合学生的学习目标和职业发展需要。此外，还需要加强对教师的培训，提高他们设计和指导实践教学的能力，以及利用现代科技手段，如虚拟现实和在线平台，创造更多样化和互动性强的实践学习环境。最后，学校和教育机构应该与企业和行业紧密合作，为学生提供实习和实践的机会，使他们能够在真实的工作环境中学习和成长。

总之，对于学前教育专业的学习者而言，实践教学是加快推进新质生产力发展的重要环节，而其在传统教育体系中的薄弱是一个复杂的问题，需要从课程设计、教学策略、教师培训和教育资源等多个方面进行综合改进。通过这些努力，可以有效地弥补传统教育体系中的不足，帮助学生发展实践能力和创新思维，更好地准备他们未来的职业生涯和个人发展。

三、教材内容过时

在讨论成人教育和其课程体系时，教材内容的过时问题不容忽视。随着社会的快速发展，新的教育理论与新的技术层出不穷，建构主义、合作学习、翻转课堂等教育理念逐渐兴起，这对教育资源的更新提出了迫切需求。然而，实际情况却往往是，一些成人教育课程的教材和教学内容长时间未得到相应的更新，以至于无法反映当前的教育理论、行业发展态势和最新技术成就，从而导致这些课程难以满足现代教育的需求。

行业发展日新月异，尤其是在数字技术、人工智能、生物科技等领域，新技术的应用和行业的变革速度飞快。这要求相关的成人教育课程能够及时更新教材内容，以适应行业的最新发展。在这样的背景下，成人教育的课程和教材如果不能及时更新，反映这些技术的最新发展和应用，就很难满足学习者获取最新技术知识、提高自身技能的需求。

教材内容过时还会导致学习者的学习动机受挫。当学习者发现课程内容与实际工作中遇到的问题和使用的技术有很大差距时，他们可能会感到失望和挫败，进而影响到学习的积极性和持续性。成人教育课程体系中教材内容过时的问题，实质上是一个复杂的系统性问题，涉及教育理论的更新、教材编写和更新机制的改革、数字技术的应用等多个方面。解决这一问题，不仅需要教育管理者和政策制定者的高度重视和积极行动，也需要教师和学习者共同努力，以期构建一个能够适应快速变化社会需求的、高效、灵活的成人教育体系。

四、教学方法单一

成人教育面临的一个重要问题是教学方法的单一性，这种问题在传统的课程体系中尤为显著。这种单一的教学方法主要是指依赖于课堂讲授的方式，而这种方式往往缺乏互动性和参与感，不利于成人学习者的知识吸收和技能培养。

成人学习者通常已经拥有一定的工作经验和生活经验，他们学习的目的更加明确，更倾向于应用性强的知识和技能。此外，成人学习者在学习时往往需要兼顾工作、家庭等多重角色，这就要求成人教育在教学方法上能够提供更高的灵活性和针对性。

然而，依赖传统的课堂讲授方式，在很大程度上忽视了成人学习者的这些特点。传统的课堂讲授往往是教师在前面讲解，学生在下面听，由于缺乏互动性，学习者很难通过提问或讨论来解决自己在学习过程中遇到的疑惑，这就背离了学习者选择接受继续教育的初衷，对自我成长的预见性也逐渐减弱，降低了学习者学习的趣味性、获得感，塑造积极生动的学习主体的教育理想难以实现。

更重要的是，这种教学方法缺乏参与感。当教学方法仅限于传统的课堂讲授时，学习者的参与度往往较低，这不仅影响了学习的深度和广度，也影响了学习者内在学习动机的激发。

对于成人学习者而言，知识的吸收和技能的培养不仅需要理论的学习，更需要通过实践、讨论和反思等多种方式进行。成人教育应该鼓励学习者主动探索、批判性思考和自我反馈，通过案例分析、角色扮演、团队合作等多种教学方法来提高学习者的参与度和互动性。总之，成人教育需要从成人学习者的特点出发，采用更加多元化和互动性强的教学方法，以提高教学效果，满足成人学习者的学习需求。通过创新教学方法，成人教育可以更好地促进学习者的全面发展，为他们提供终身学习的支持。

五、忽视课程思政

在当今社会，教育不仅仅是传授知识的过程，更是培养全面发展人才的重要途径。在这个过程中，课程思政的融合尤为关键。在快速发展的社会中，仅具备专业技能已难以满足个人发展和社会进步的需求，全面发展的人才培养成为时代的呼声。传统成人教育课程体系主要聚焦于职业技能的培训和专业知识的传授，强调实用性和应用性。这种偏重技能和知识的教育模式，在一定程度上忽略了人文精神和社会责任的培育，未能充分发挥教育在塑造学生价值观、促进个人全面发展方面的作用。

课程思政，即课程中的思想政治教育，是一种将思想政治教育内容与专业教育相结合的教育模式。它旨在通过各学科课程的教学，渗透思想政治教育，培养学生的社会责任感、历史使命感，以及爱国主义、集体主义和社会主义核心价值观。课程思政的目标不仅是传授知识技能，更重要的是引导学生形成正确的世界观、人生观和价值观，促进学生的全面发展。缺乏课程思政元素的教育体系难以激发学生对国家、社会的热爱和责任感，影响学生形成全面、平衡的价值观和人格。

要解决传统成人教育中忽视课程思政元素的问题，需要从以下几个方面着手。

第一，课程内容的整合与创新。在当前的教育体系中，课程内容的整合与创新是推动学生全面发展的关键一环。成人高校面对的挑战是如何有效地将思想政治教育内容与专业课程有机结合，以培养学生的综合素质和正确的价值观。这一过程不仅需要对课程体系进行重新审视和设计，而且还要采用多元化的教学方法，以确保教育内容既丰富又具有实践意义。例如，在教授《学前教育原理》中的儿童观相关内容时，可以通过课程思政案例，让学生领悟教师正确的儿童观对儿童一生的重要影响，强化学生职业使命感以及依法治教的意识与能力。

创新教学方法是实现课程内容整合的重要手段。案例分析是一种有效的方法，不仅能够帮助学生理解抽象的理论知识，而且还能够让学生通过分析真实的社会问题，培养他们的批判性思维和解决问题的能力。

此外，社会实践活动也是一种重要的教学手段，让学生参与到真实的社会活动中，不仅能够增强他们的实践技能，还有助于学生在实践中深刻体会和学习，从而形成正确的价值观和人生观。

第二，教师队伍的建设与培训。成人教育作为终身学习的重要组成部分，不仅关注学生的专业技能培养，更重视其思想政治素质的提升。

首先，加强成人教育教师的思想政治教育至关重要。这要求教师不仅要深入学习政治理论，还要善于将这些理论知识与学生的实际生活和工作经验相结合，使思想政治教育贴近成人学生的实际，增强教育的针对性和实效性。

其次，提高教师融合课程思政元素的能力和水平是实现思想政治教育目标的有效途径。在成人教育的课程设计与教学过程中，如何将思政元素自然融入专业知识教学，是考验教师教学智慧和技巧的关键。这不仅要求教师要拥有扎实的专业知识，更要具备创新教学方法和手段的能力。通过案例教学、讨论式教学等多种互动式教学方法，学生在学习专业技能的同时，能够自然而然地接受思想政治教育，提高其社会责任感、历史使命感。

此外，对成人教育教师进行持续的培训和专业发展也是提升教学质量的关键。通过定期的培训工作坊、研讨会等形式，教师可以不断更新自己的专业知识，掌握最新的教学理念和方法。特别是在教学方法培训方面，教师需要学习如何利用现代数字技术手段，如在线课程、虚拟仿真教学等，以适应成人学生的学习特点和需求，提高教学的互动性和趣味性。

第三，多元评价体系的构建。在当今社会，教育不再仅仅局限于传统的知识和技能的传授，而是越来越重视学生全人发展，包括思想政治素质、专业技能、创新能力等多个方面。因此，构建一个多元评价体系显得尤为重要，这样的体系能够全面评估和促进学生的综合能力发展，更好地适应社会的需求。

多元评价体系的构建首先需要明确评价的目标和标准，即不仅要评价学生的学科知识和技能掌握情况，还要评价其思想政治素质、创新能力、团队协作能力、社会责任感等非学科技能的发展情况。这要求教育工作者们跳出传统的评价框架，采用更加开放和灵活的评价方式，如项目式学习、小组讨论、社区服务等，这些方式能够让学生在实践中学习，在学习中实践，更好地发展综合能力。在构建多元评价体系时，还应当注重评价的公正性和科学性。这意味着评价体系需要具备良好的可操作性和可比较性，确保不同学生之间的评价是公平的。此外，评价结果的反馈机制也十分重要，它不仅能够帮助学生了解自己的长处和不足，更能激励他们在学习和生活中不断进步，积极面对挑战。多元评价体系的实施对教师提出了更高的要求。教师不仅需要掌握专业知识，还需要具备综合评价学生能力的能力和方法。这可能需要通过教师培训、工作坊等方式，提升教师的专业素养和评价能力。

第四，加强社会实践和服务学习。在当前的教育体系中，加强社会实践和服务学习被视为一项至关重要的任务，旨在通过直接参与社会服务活动，培养学生的社会责任感和历史使命感。社会实践和服务学习的活动形式多样，包括但不限于志愿服务、社区参与、环保项目、支教活动等，这不仅有助于学生增强对社会现象的理解和感悟，而且通过参与这些活动，学生可以学习到如何在实际生活中应用和实践社会主义核心价值观，如何在具体行动中展现对社会的责任和对他人的关怀。将社会实践和服务学习纳入课程思政教育的重要组成部分，意味着教育不再局限于传授知识和技能，更重视培养学生的价值观和世界观。这种教育方式强调理论与实践的结合，鼓励学生将课堂上学到的知识与社会实践相结合，使学生能够在实际操作中深化理解，实现知行合一。

总之，解决传统成人教育中忽视课程思政的问题，需要教育管理者、教师和社会各界的共同努力。通过整合和创新课程内容、加强教师队伍建设、构建多元评价体系以及加强社会实践和服务学习等措施，可以有效地促进成人教育中课程思政元素的融合，培养具有全面素质、创新能力和社会责任感的人才，满足社会发展的需求。

第二节　基于新时代需求的课程体系设计理念

一、课程与思政的融合

立德树人成效是检验高校一切工作的根本标准。在新时代背景下，随着社会的发展和时代的进步，教育的重要性和复杂性日益凸显。从功能属性来看，教育不仅是知识的传递和技能的训练，也是价值观的培育和人格的塑造，能否处理好育人和育才的关系，关乎教育的成败。基于这样的认识，新时代的课程设计理念强调了思想政治教育与专业知识学习的有机结合，旨在通过每门课程传达正确的价值观和理念，培养具有社会责任感和使命感的人才。

课程思政的本质是立德树人，是育人与育才的有机统一。课程思政的核心，在于使思想政治教育贯穿于学生的整个学习过程之中，而不是将其孤立地看作一门独立的课程。这种整合不仅仅意味着在教学内容上的融合，更重要的是在教育理念、教学方法和评价体系等方面的创新。

课程思政的建设在于做好三个融合。一是知识教学与价值观的融合，即通过对专业知识学习内容的精心设计，使其与思想政治教育的要求相结合，从而实现知识传授和价值引领的双重目标。二是实践教学与品格教育的融合。通过将理论与实践结合起来，不仅可以加深学生对知识的理解和掌握，更重要的是可以在实践中培养学生的钻研精神、社会责任感、创新精神和实践能力。这种以实践为导向的课程设计，要求教师不仅要有深厚的专业知识，还要具备引导学生进行社会实践、科学研究和创新创业的能力。三是教学手段与学习品质的融合。在教育教学过程中，教师要充分尊重学生的主体地位，激发学生的学习兴趣和探索欲，引导学生主动学习、探究学习、合作学习。同时，要充分考虑学生的个体差异，采用差异化的教学策略，满足不同学生的学习需要，培养学生的个性和创造力以及求知韧性。

综上，课程与思政的融合要求教师转变传统的教育观念，采用更加灵活多样的教学方法，创造有利于学生主动参与和深度思考的学习环境，从教育的目的、内容、方法和评价等各个方面进行全面的思考和创新。

二、灵活多样的课程结构

在新时代的背景下，教育的发展趋势逐渐向着更加个性化、灵活化的方向发展。基于新时代需求设计的成人教育课程体系，尤其需要突出灵活多样的课程结构，既要涵盖必需的基础知识，也要为学习者提供足够的选修课程，以满足他们根据自身兴趣和职业发展需要进行选择的愿望。

灵活多样的课程结构意味着必须构建一个坚实的基础课程体系。例如，在学前教育中，基础课程可能包括学前教育原理、学期儿童心理学等。这些课程不仅为学习者提供了必要的理论知识，还应当结合实际案例分析，增强学习者的实践能力和解决问题的能力。

除了必修的基础课程外，灵活多样的课程结构还应该能提供丰富的选修课程。这些选修课程应覆盖广泛的领域，既包括深入某一专业领域的高级课程，也包括跨学科的综合课程，以及针对特定技能训练的实践课程。例如，对于有意向深入研究家庭教育指导或儿童心理问题的学生，学校可以提供家庭教育指导实践或者心理咨询理论等相关课程。同时，也可以为希望提升领导力的学生开设领导力培训、团队管理等课程。通过这种方式，每位学习者都能根据自己的需求和兴趣，制订出符合个人职业发展目标的学习计划。

除了课程内容的设计之外，灵活多样的课程结构还应该体现在教学方法和学习模式上。随着科技的发展和在线教育的兴起，混合式学习模式（将线上与线下学习相结合）成为可能。这种模式不仅能够提供更加灵活的学习时间安排，还能够通过线上平台提供大量的资源和交流机会，增强学习的互动性和趣味性。此外，项目式学习、翻转课堂等新型教学方法也可以融入课程设计之中，以提高学习效率，激发学习者的主动学习兴趣。

灵活多样的课程结构设计还需要考虑到评估和反馈机制的重要性。通过持续的评估和反馈，教师和教育机构能够及时了解学习者的学习进展和遇到的困难，进而调整教学策略和课程内容，确保课程能够更好地满足学习者的需求。同时，学习者也可以通过这一过程，更加清晰地认识到自己的学习成果和不足之处，有针对性地进行改进。

三、强化实践教学

在当今快速变化的社会和教育领域，成人学前教育专业的课程设计理念正在发生着根本性的转变。面对新时代的需求，强化实践教学成为提高成人学前教育专业学生实践能力和解决实际问题能力的关键。

首先，新时代对成人学前教育提出了更高的要求，因此，在成人学前教育专业的课程设计中，强化实践教学成了一个不可或缺的环节。

实践教学的目的在于缩小理论与实践之间的距离，使学生能在真实或模拟的教育场景中运用所学知识，面对实际问题时能独立思考和解决问题。通过案例教学、模拟实训、实习实践等多样化的教学方法，不仅能增强学生的实践操作能力，还能培养其批判性思维、创新能力和团队合作精神。

模拟实训是指在模拟的环境中进行的实践活动，它可以让学生在尚未进入真实工作环境之前，就有机会体验实际工作情境，培养其职业技能。在成人学前教育专业中，可以建立专业的模拟幼儿园或儿童发展中心，让学生扮演教师、园长等角色，进行课程设计、教学活动组织、家长沟通等实训活动。这样不仅可以增强学生的实践操作能力，还可以提前让学生体验职业角色，为将来的职业生涯做好准备。

实习实践是将学生派遣到实际工作环境中，让其在实际工作中学习和锻炼。通过与专业人士的直接接触和交流，学生可以了解最新的教育理念和技术，体验实际的教育环境和挑战，提高解决实际问题的能力。为了确保实习实践的效果，学校应与多家幼儿园和教育机构建立稳定的合作关系，为学生提供多样化的实习机会，并对实习过程进行有效监督和指导。强化实践教学的过程中，面临的挑战不可避免。如何确保教学质量、如何评估学生的实践能力、如何平衡理论学习与实践教学的关系等，都是需要解决的问题。此外，实践教学资源的配置、教师的专业能力和经验等也是影响实践教学效果的关键因素。因此，加强师资队伍建设，提高教师的实践教学能力，加大对实践教学资源的投入，完善实践教学的评估和监督机制，是提高实践教学效果的重要措施。

四、采用现代教学方法

在新时代的背景下，成人学前教育专业的课程体系设计日益受到重视。随着数字技术的迅速发展和现代教育手段的日益完善，传统的教学模式已无法完全满足当下成人学习者的需求。因此，采用现代教学方法成了提高教学效果，激发学习者学习兴趣的重要途径。

数字技术的普及为成人教育带来了革命性的变化。互联网的普及和移动设备的便捷性使得在线学习成为可能。在线学习不仅突破了时间和空间的限制，还提供了丰富的资源和灵活的学习方式。学习者可以根据自己的实际情况选择学习时间，重复观看难以理解的内容，从而达到更好的学习效果。此外，在线学习还能提供丰富多样的学习资源，如视频讲座、电子书籍、在线讨论等，这些都极大地丰富了学习内容和形式，提高了学习的趣味性和有效性。

翻转课堂作为一种新兴的教学模式，在成人学前教育中也显示出了巨大的潜力。翻转课堂强调在课堂外通过视频讲座、阅读材料等方式完成知识的传授，而将课堂时间用于讨论、实践和深入探究。这种模式充分利用了成人学习者的自主学习能力，使他们能够在课堂上更深入地探讨问题，解决实际问题。在成人学前教育专业的课程设计中，教师可以根据课程内容录制视频讲座，让学习者在课外观看，而课堂上则通过小组讨论、案例分析等互动式教学方法，促进学习者之间的交流和思考，从而提高学习效率和质量。

项目式学习作为一种注重实践和体验的学习方法，在成人学前教育中同样具有重要价值。项目式学习通常围绕一个实际问题或项目进行，要求学习者在完成项目的过程中学习知识、解决问题。这种学习方式能够激发学习者的主动性和创造性，使他们在解决实际问题的过程中深化理解和应用所学知识。在成人学前教育专业的课程设计中，可以结合学前教育的实际需求，设计与幼儿教育相关的项目任务，如幼儿园教学方案的设计、幼儿行为观察分析等，让学习者在真实或模拟的教育环境中实践，通过反思和讨论，提升其教育实践能力和解决问题能力。

学生实习实践、模拟实训延伸探索——案例督导教学。案例督导教学可以概括为通过定期、有针对性地对学生的实践和学习活动进行监督、评估和指导，以提高学生学习质量和实践水平的一种教学方式。其主要任务是以对学生的学习实践活动案例进行监督和评估，发现问题并提出改进意见，提供专业性的咨询和建议，对学生的学习实践质量进行评估，为学生专业额发展提供参考和支持。这种方法更加贴合学生的发展需求，能够充分激发学生的学习兴趣，并有针对性地增强其分析问题和解决问题的能力。在成人学前教育专业的课程中，可以选择与学前教育实际工作密切相关的案例，如幼儿园管理、儿童心理发展、课程设计等，让学生在解决具体问题的过程中深化对理论知识的理解和应用。同时，也应兼顾学生在遇到问题时的心理“卷入”程度及需要干预程度和限度的评估、实施等要素。

五、注重课程内容的时效性和前瞻性

在新时代背景下，随着社会的快速发展和科技的不断进步，教育领域，特别是成人学前教育专业，面临着前所未有的挑战和机遇。成人学前教育不仅需要传授传统的教育理论和实践技能，更要紧跟时代的脚步，不断更新和优化课程内容，以满足新时代对教育人才的高质量需求。因此，注重课程内容的时效性和前瞻性成了成人学前教育专业课程体系设计的重要理念之一。

时效性在成人学前教育专业课程体系设计中占据着举足轻重的地位。随着教育理论的不断创新和教育技术的迅速发展，只有不断更新教材和课程内容，才能保证教育内容与时俱进，满足当代社会对幼儿教育人才的实际需求。例如，近年来，随着数字技术的广泛应用，数字化教学方法已成为教育领域的一大趋势。因此，成人学前教育专业的课程体系中应当加入关于数字化教学技能的培训，如使用电子白板进行教学、利用在线资源进行互动教学等，以提升未来教育工作者的信息化教学能力。

前瞻性是成人学前教育专业课程体系设计必须考虑的另一个关键因素。教育工作者不仅要掌握当前的教育理论和技能，更要具备预见未来教育趋势和挑战的能力。因此，课程内容设计不仅要反映现有的教育理论和实践，还要涵盖对未来教育发展趋势的研究和预测。例如，跨文化教育、可持续发展教育等内容，这些都是当前国际教育界关注的热点问题，也是未来教育领域可能面临的挑战。将这些前瞻性的内容纳入课程体系，可以帮助学习者提前适应和准备未来教育的变化，更好地服务于社会和时代的需求。

定期更新教材和课程内容是实现课程时效性和前瞻性的关键措施。这一过程需要高度重视教育研究的成果和行业发展的动态，定期对课程内容进行评估和修订。这不仅需要教育专家和一线教师的密切合作，也需要吸纳学习者的反馈和建议，以确保课程设计既科学合理，又贴近实际。实施课程内容的定期更新和优化，对于提升教育质量、满足社会需求具有重要意义。通过引入最新的教育理论、行业发展趋势和技术进步，成人学前教育专业的学习者可以不断提升自己的专业能力和综合素质，更好地适应未来教育的发展需求。同时，这也有助于提升教育行业的整体水平和国际竞争力。

总之，在新时代背景下，成人学前教育专业课程体系的设计必须高度重视课程内容的时效性和前瞻性。

第三节　课程体系重构的实践探索与案例分析

一、实践案例 1：引入课程思政元素的课程设计

成人教育作为终身学习体系的重要组成部分，近年来在教育体系和社会发展中的作用越来越被重视。特别是对于学前教育专业来说，随着社会对早期教育重视程度的提升，成人学前教育专业课程体系的构建和优化显得尤为关键。

在当前的教育改革背景下，课程思政建设被提上了重要日程。课程思政不仅仅是传统意义上的思想政治教育课程，更要将思想政治教育融入专业课程教学的全过程，使其成为提升学生专业素养和社会责任感的有效途径。在成人学前教育专业课程体系重构的实践中，A 成人高校成功实践了引入课程思政元素的课程设计，为我们提供了有益的借鉴和启示。

A 校在课程设计上采取了多维度、多层次的整合策略。首先，在课程内容的选择和组织上，紧密结合学前教育专业的特点和需求，深入挖掘课程思政的内涵。例如，在“幼儿园教育活动设计”课程中，教师引导学生探讨如何在活动设计中融入社会主义核心价值观，如何通过日常教育活动培养幼儿的集体意识和社会责任感，以及如何通过寓教于乐的方式向幼儿传达积极向上的价值观。

课程活动的设计也体现了课程思政元素的融入。通过小组合作、案例分析、角色扮演、实地考察等多种教学方法，激发学生的学习兴趣，增强其实践能力和社会责任感。比如，在“幼儿心理健康教育”课程中，学生需要分组进行案例分析，探讨在不同情境下如何处理幼儿的心理问题，如何利用教育活动促进幼儿心理健康的发展，进而引导学生思考教师在促进幼儿全面发展中的角色和责任。

在课程评价机制上，A 校也做了创新性的尝试。除了传统的考试和论文之外，还引入了反思报告、项目实践评价等形式，把课程思政要素纳入课程评价，鼓励学生从实践中学习、在实践中成长。这种评价方式不仅能够更全面地反映学生的学习效果，也更有利于学生深入思考和理解课程思政元素的实际意义。

通过这样的课程设计，学生不仅能够获得必要的专业知识和技能，更重要的

是能够深刻理解和领会社会主义核心价值观和良好职业道德的内涵，从而在将来的教育工作中更好地承担起教育引导、价值传递的责任。这一实践案例充分展现了课程思政在成人学前教育专业课程中的重要作用和实践价值，为其他教育机构提供了宝贵的经验和参考。

总的来说，成人学前教育专业课程体系重构的实践探索与案例分析，特别是引入课程思政元素的课程设计，不仅对提升学生的专业素养和社会责任感具有重要意义，也为我国成人教育改革和发展提供了新的思路和方法。在未来的教育实践中，应当继续深化课程思政建设，探索更多高效、创新的课程设计和教学方法，为培养更多具有良好专业素养和强烈社会责任感的学前教育工作者而努力。

二、案例分析2：灵活多样的课程结构改革

在当前的教育领域，尤其是成人教育这一特殊领域，课程结构的创新和重构已成为提升教育质量和满足学习者需求的关键。面对成人学习者多样化的学习需求和不断变化的社会环境，B 成人高校重新设计有效的课程结构，不仅增加了选修课程的比重，还提供了跨学科学习机会，从而促进了学习者全面发展，这是一个值得深入探索的课题。

成人学习者与传统的青少年学习者有着本质的不同。成人学习者通常具有较为丰富的人生经验和职业背景，他们选择继续教育往往是为了实现职业发展、知识更新或个人兴趣的满足。因此，成人教育课程需要更加灵活多样，能够满足不同学习者的个性化需求。

为了实现这一目标，B 校采取了一系列创新性措施来重构其课程体系。首先，B 校对现有的课程结构进行了全面的评估和分析，确定了那些能够反映当前社会需求和学科发展趋势的关键领域。在此基础上，学校增加了选修课程的比重，为学习者提供了更多的选择空间和学习自由度。这些选修课程不仅涵盖了传统学科领域，如经济学、管理学和教育学等，还包括了新兴领域，如数字技术、环境科学和健康科学等。

除了增加选修课程外，B 校还特别强调跨学科学习的重要性。在课程设置上，鼓励学生跨越学科边界，选择不同领域的课程进行学习。为了促进跨学科学

习，B 校开设了一系列跨学科研究项目和研讨会，通过这些平台，学生可以与来自不同学科背景的师生进行深入交流和合作，从而拓宽知识视野，促进创新思维的培养。

在教学方法上，B 校也进行了相应的创新。考虑到成人学习者的特点，学校大量采用了项目式学习、案例教学和在线学习等灵活多样的教学方法。通过项目式学习，学生可以在解决实际问题的过程中学习和应用知识，这不仅有助于提高学习的实践性和有效性，也能够激发学生的学习兴趣。案例教学则能够让学生深入理解理论知识的实际应用，而在线学习平台则为学生提供了随时随地学习的便利，特别是对于那些无法全职参与学习的成人学习者来说，这是一个非常重要的支持。

为了更好地满足成人学习者的个性化学习需求，B 校还建立了一套完善的学习支持系统。这包括职业规划服务、学习顾问服务和心理健康支持等。职业规划服务帮助学生明确自己的职业目标和学习路径，学习顾问服务为学生提供了个性化的学习建议和支持，而心理健康支持则确保学生能够在学习过程中保持良好的心理状态。

通过这些创新和改革，B 校成功地构建了一个灵活多样、跨学科整合的课程结构，极大地提升了教育质量和学习者满意度。学生不仅能够根据自己的兴趣和职业需求选择合适的课程，还能够通过跨学科学习和实践项目获得全面发展。这一改革实践不仅为该校的成人教育事业带来了积极的影响，也为其他教育机构提供了宝贵的经验和启示。在未来，随着社会的不断发展和技术的进步，成人教育的课程结构将继续向更加灵活、开放和创新的方向发展，以更好地满足成人学习者日益增长的学习需求和挑战。

三、案例分析 3：加强实践教学

在当前的教育体系中，成人学前教育专业的课程体系重构成了一个重要议题。特别是实践教学的加强，这一点对于成人教育学前教育专业的学生来说尤为重要。实践教学不仅能够帮助学生将理论知识与实际工作相结合，还能够增强其对知识的理解和应用能力，为将来的职业生涯打下坚实的基础。因此，探索有效的实践教学模式成为教育改革的关键一环。

在这一背景下，建立校企合作平台成了一种创新的实践教学模式。通过这种模式，C学校与企业建立起密切的合作关系，为学生提供一个真实的工作环境，让他们在学习过程中能够直接接触到未来可能从事的工作内容和环境，从而提升学习的实践性和应用性。

校企合作平台能够为学生提供实际的工作经验。在这种合作模式下，企业不仅仅是提供资金或设备支持，更重要的是，它们提供了实际的工作项目，学生可以在教师的指导下，参与到这些项目中去，通过解决实际工作中遇到的问题，提高自己的职业技能和工作能力。这种“学以致用”的教学方法，让学生能够在学习期间就累积宝贵的工作经验，极大地增强了教育的实用性和有效性。

校企合作平台还能够帮助学生建立职业观念和职业身份。通过与企业的紧密合作，学生不仅可以了解到行业内的最新发展动态，还可以直接从业界专家那里学习到最前沿的技术和管理经验。这种亲身经历使学生能够更好地理解职业角色，提前适应将来的工作环境，有助于他们建立起正确的职业观念和职业身份。

校企合作平台还能促进课程内容的更新和教学方法的改革。由于企业直接参与到教学过程中，学校能够根据企业的实际需求，及时调整和更新课程内容，使之更加贴近实际工作的需要。同时，企业参与教学还能够带来新的教学资源和方法，如企业讲座、工作坊、模拟实训等，这些都能够丰富教学手段，提高教学效果。

校企合作平台也是一种有效的就业指导和就业服务平台。通过这种合作，学生可以直接接触到潜在的雇主，了解行业需求，为将来的就业做好准备。同时，企业也可以通过这种方式，提前发现并培养符合自己需求的人才，这对于解决企业人才缺乏的问题，以及促进学生顺利就业都具有重要意义。

四、案例分析4：教学方法创新

在成人教育领域，随着技术的快速发展和成人学习者需求的多样化，传统的教学模式已经难以满足当前的教育需求。为此，很多成人高校开始探索和实践现代教学方法，如翻转课堂、在线学习等，以提高教学效率和学生满意度。

在D成人高校中，翻转课堂和在线学习被视为教学创新的重要组成部分。

翻转课堂是一种教学模式，它将传统课堂的学习和家庭作业的过程翻转过来。在这种模式下，学生在课前通过观看视频讲座、阅读材料或进行其他形式的在线学习来掌握课程内容，而课堂时间则用于讨论、解决问题和进行其他形式的互动学习。这种模式使得课堂时间更加高效，因为教师可以将更多时间用于指导学生解决实际问题，而不是单纯的信息传递。

在线学习则为成人学习者提供了灵活性和便利性，特别是对于那些工作繁忙或地理位置偏远的学生。通过在线课程和资源，学生可以根据自己的时间安排和学习节奏来学习，不受时间和地点的限制。此外，在线学习平台还提供了丰富的学习资源，包括视频讲座、在线讨论、互动练习等，这些资源使得学习过程更加丰富和多样化。

在实践这些现代教学方法的过程中，D 校采取了一系列措施来确保教学效果。首先，学校投入了大量资源来开发高质量的在线课程和学习材料，这些课程和材料既有利于学生自主学习，也便于教师在翻转课堂中使用。其次，学校对教师进行了专业培训，帮助他们掌握翻转课堂和在线学习的教学策略，以及如何有效地利用技术来促进学生学习。最后，学校还建立了一个在线学习社区，鼓励学生之间进行交流和协作，以增强学习的互动性和社区感。

这些现代教学方法的实施取得了显著的成效。首先，学生的学习效率得到了提高。通过翻转课堂，学生可以在课前通过在线学习掌握基础知识，使得课堂时间更加专注于深入学习和实践应用，从而提高了学习效率。在线学习的灵活性和便利性也使得学生能够更好地平衡学习和工作，提高了学习的持续性和深度。其次，学生的满意度有了显著提升。现代教学方法通过提供丰富多样的学习资源和互动式学习环境,增加了学习的趣味性和参与度,从而提高了学生的满意度。最后，这些教学方法还促进了学生之间的交流和协作，增强了学习社区的凝聚力，为学生提供了更多的学习支持和资源。

总之，通过实践翻转课堂和在线学习等现代教学方法，D 校不仅提高了教学效率，还提升了学生的学习满意度。这些成果表明，适应成人学习者特点和需求的现代教学方法对于提高成人教育质量具有重要意义。未来，成人高校应继续探索和实践更多创新的教学方法，以更好地满足成人学习者的多样化需求。

五、案例分析5：前瞻性课程内容更新

在当今这个快速变化的社会中，教育领域也面临着前所未有的挑战和机遇。对于成人教育机构而言，定期审视和更新课程内容已经成为一项重要的任务。它不仅能确保所提供的教育服务与时俱进，而且还能满足行业发展的最新需求，提高学生的竞争力。此部分将通过分析E成人高校的前瞻性课程内容更新成功的案例，探索其实践过程和取得的成效。

由于其地理位置和发展战略的优势，E校一直致力于成为成人教育领域的佼佼者。为了实现这一目标，学校领导层深知必须持续更新课程内容，以适应经济和社会的发展需求。因此，该学校制定了一套系统的课程更新和审视机制，确保教育内容的前瞻性和实用性。

E校成立了一个由教师、行业专家、校友和在校学生组成的课程更新委员会。这个委员会的主要职责是审视现有课程的相关性和有效性，并根据最新的行业动态和技术发展提出更新建议。为了确保这一过程的高效和透明，委员会定期公布其工作进展，并邀请校内外的意见反馈。

E校与多个行业领先企业建立了密切的合作关系。这些企业不仅提供了对行业趋势的第一手资料，还定期派遣专家参与课程的设计和教学。这种紧密的产学研结合模式极大地丰富了课程内容，使之更加贴近实际工作需求。

E校还引入了灵活的课程结构，以适应不同学生的需求。除了核心课程外，学校还提供了大量的选修课程，覆盖了最新的技术和管理理念。学生可以根据自己的兴趣和职业规划自由选择课程，这不仅增加了学习的灵活性，也提高了教育的个性化水平。

在实施课程更新的过程中，E校采取了多种方式来评估更新的效果。一方面，通过与企业的紧密合作，学校能够获得直接的反馈，了解课程内容是否符合行业的实际需求。另一方面，学校还通过跟踪毕业生的就业情况和职业发展，评估课程更新对学生竞争力的影响。

E校的课程更新案例显示，通过建立一套有效的课程审视和更新机制，结合产学研紧密合作的模式，可以显著提升教育内容的相关性和前瞻性。经过几年的

实践，E 校的课程更新机制已经取得了显著的成效。学生的就业率和满意度显著提高，学校的声誉也因此得到了进一步的提升。更重要的是，通过不断的课程更新和优化，学校为学生提供了一个持续学习和发展的平台，帮助他们适应快速变化的工作环境，实现个人职业生涯的成功。

总之，成人学前教育专业课程体系的重构不是一蹴而就的事情，它需要系统的规划、持续的努力和多方的合作。紧跟时代的步伐，不断更新和优化课程内容，才能真正提高教育的质量和效果，满足学生和社会的需求。

第四章 成人高校学前教育教学方法的创新与应用

本章聚焦于成人高校学前教育教学方法的变革与进步，旨在为成人高校学前教育领域提供一种创新教学方法的新视角，推动教育教学向更高效、更个性化、更互动化的方向发展。首先，本章从对传统教学方法的深度反思与批判开始，指出了这些方法在新时代教育背景下的局限性与不足。其次，本章转向探讨创新教学方法的理论基础与技术支撑，展示了教学创新的理论依据及其与现代技术结合的可能性，为教学方法的更新提供了科学指导和技术条件。最后，本章深入分析了创新教学方法在成人高校学前教育中的实践应用，展示了创新教学方法如何促进成人学前教育质量的提升，以及它们在实际教学活动中的有效性和可行性。

第一节　对传统教学方法的反思

一、教师中心论的局限性

在成人高校学前教育的传统教学模式中，一个明显的特征是教师中心论的显著地位。教师中心论的教学方法忽视了学生的主体性和学生个体差异。这种方式使得学生难以在学习过程中发挥主动性和创造性，因为他们被迫适应一个标准化的学习模式，而不是根据自己的兴趣和能力来探索知识。长此以往，学生可能丧失学习的兴趣和动力，因为他们感到自己在教学过程中被边缘化，他们的需求和意见很少被考虑。

过分强调教师的主导地位限制了学生创造性思维的发展。在教师中心的课堂上，学生的思维活动被限制在教师设定的框架内，难以跳出来发展自己的思考方式和视角。教师中心论的教学方法还限制了学生独立学习的能力发展。在这种教学环境下，学生习惯于依赖教师提供的知识和解决方案，缺乏自主寻找信息和解决问题的能力。当他们面对新的问题或挑战时，可能会感到无助和迷茫，因为他们没有在学校学习如何独立思考和学习。

独立学习能力是终身学习的关键，特别是在知识更新速度极快的现代社会，能够自主学习和适应新知识是每个人成功的必备条件。因此，对于成人高校学前教育来说，有必要对传统的教师中心论教学方法进行反思和改革，创造一个能够激发学生主动性、创造性和独立学习能力的教学环境。

二、知识传递呈现单向性

在成人高校学前教育的背景下，传统的教学方法已经被广泛采用多年，其中，知识传递的单向性是其核心特征之一。在这种教学模式下，教师依据课本和教学大纲，通过讲授、示范等方式传授知识，学生的角色通常限于听讲、记笔记以及完成作业。这种模式在一定程度上简化了教学过程，但同时也带来了一系列深层次的问题。

单向的知识传递方式难以激发学生的学习兴趣。成人学生通常具有更加复杂的学习需求和背景，他们可能因为职业发展、个人兴趣或是为了获取特定技能而回归校园。这些学生往往拥有较为丰富的生活经验和先验知识，如果教学内容仅仅是简单的知识传递，不涉及学生经验的互动和反馈，就很难触及学生的实际需求和兴趣点。长此以往，学生可能会感到枯燥乏味，缺乏学习动力。

单向性教学模式限制了学生批判性思维能力的发展。当教学仅仅依赖于教师的单向讲授时，学生缺少与教师和同伴进行深入交流和讨论的机会，就很难形成独立思考和批判性分析的习惯。

单向的知识传递方式忽视了学习过程的个性化需求。成人学习者的学习背景、能力和偏好各不相同，传统的"一刀切"教学模式下，所有学生都被要求按照相同的节奏和方法学习，这不仅可能导致部分学生感到挫败和排斥，也无法充分挖掘每个学生的潜能。

针对这些问题，教育工作者和研究人员已经开始探索更加灵活和互动的教学方法。例如，基于项目的学习（Project-Based Learning, PBL）强调通过完成具有实际意义的项目来学习知识和技能，这种方法可以增加学生的参与度和兴趣。合作学习（Cooperative Learning）鼓励学生在小组中共同完成任务，通过团队合作促进知识的共享和个体能力的提升。此外，翻转课堂（Flipped Classroom）将传统的课堂讲授和家庭作业的顺序颠倒过来，要求学生在课外通过视频讲座等方式学习新知识，课堂时间则用于讨论、实践和深化理解，这种模式更加重视学生的主动学习和参与。

面对这一挑战，教育工作者需要不断反思和批判现有的教学实践，探索更加多元化和互动性的教学策略，以促进学生的全面发展和终身学习能力的培养。通过这样的努力，我们不仅能够提升教育质量，还能更好地准备学生面对未来社会和职业生活中的挑战。

三、互动交流存在缺失

在探讨成人高校学前教育中传统教学方法的现状时，我们不得不面对一个显著的问题——互动交流上存在一定程度的缺失。这种缺失不仅限于师生之间，也包括学生间的互动。在教育的广阔领域内，有效的互动交流被广泛认为是促进深入学习和批判性思维发展的关键因素。然而，在当前的成人高校学前教育体系中，传统教学方法未能充分利用互动交流的潜力，这对学生的学习过程和成果产生了负面影响。

在教育过程中，师生互动是帮助学生构建知识、发展思维能力的重要途径。通过有效的互动，教师可以更好地了解学生的学习需求、困惑和兴趣点，进而调整教学策略，以适应不同学生的个性化学习需求。然而，在传统的教学模式中，教学往往是一种单向传递知识的过程，学生处于被动接收信息的位置，这种模式严重限制了师生之间的有效沟通和互动。

除了师生互动外，学生间的交流也是学习过程中不可或缺的部分。通过与同伴的讨论和合作，学生可以从不同角度审视问题，拓宽思维视野，提高解决问题的能力。此外，同伴间的互动还有助于建立学习社群，通过社群的力量，学生能够在学习过程中得到更多的支持和鼓励。遗憾的是，在传统的教学环境中，这种类型的交流往往受到忽视。课堂上学生的参与度低，缺乏鼓励学生之间互相学习和合作的机制。

互动交流的缺失对学生的学习产生了多方面的负面影响。首先，它限制了学生理解和吸收新知识的能力。当学生无法通过提问或讨论来澄清自己对学习材料的疑惑时，他们可能会对学习内容产生误解或仅仅是表层理解。其次，缺乏互动交流也不利于批判性思维的培养。批判性思维要求学生不仅要接受知识，还要能够质疑、分析和评价这些知识。在一个缺乏讨论和反思的环境中，这种能力的发展受到了限制。最后，缺少互动还影响了学生的学习动力和参与度。当学生感到自己被排除在学习过程之外时，他们可能会失去学习的兴趣和动力，导致学习成效的进一步下降。

面对这一问题，成人高校需要采取切实可行的措施来增强教学过程中的互动交流。首先，教师应采用更加开放和互动的教学方法，如小组讨论、案例分析、角色扮演等，以鼓励学生的参与和互动。其次，利用现代数字技术，如在线论坛、社交媒体等，也可以为师生和学生间提供更多互动交流的机会。通过这些方式，可以创建一个更加开放、互动的学习环境，使学生能够更加主动地参与到学习过程中来。

总之，互动交流在成人高校学前教育中扮演着至关重要的角色。重视并加强教学过程中的互动交流，对于提高成人高校学前教育的质量和效果具有重要意义。

四、实践应用薄弱

在当今教育体系中，特别是成人高校的学前教育领域，我们面临着一个不容忽视的问题：教学方法的单一性，尤其是对理论知识的过分强调，而忽略了实践技能培养的重要性。这种偏颇的教学模式不仅限制了学生能力的全面发展，也影响了他们将所学知识应用于实际工作中的能力。本章将对这一问题进行深入探讨，分析其成因、影响以及解决策略，以期为改进成人高校学前教育的教学方法提供参考。

过于重视理论教学源于传统教育观念的影响。在长期的教育实践中，知识传授往往被视为教育的核心，而理论知识则被认为是最为重要的知识形式。这种观念导致了教学内容的偏颇，课程设计往往围绕理论知识展开，忽视了知识的应用性和实践性。在学前教育领域，这种现象尤为明显。教师可能过分强调心理学理论、教育法规等知识的讲授，而对于幼儿园管理、儿童游戏指导等实践技能的培养则显得不足。这种教学方法忽略了学前教育的特殊性，即这一领域对实践技能的需求极为迫切。

传统的评价体系也是导致实践应用薄弱的一个重要因素。在多数成人高校中，学生的评价主要依据笔试成绩，这就导致了学生和教师都将重点放在理论知识的掌握上。由于实践技能难以通过传统的笔试形式进行评价，教学活动自然而然地减少了对这一方面的关注。这种评价机制的偏差不仅影响了学生能力的全面发展，也降低了教学质量和效率。

教学资源有限是一个不可忽视的问题。成人高校由于种种原因，如资金不足、师资力量有限等，往往难以提供足够的实践教学资源。例如，缺乏实习基地、实验设备陈旧、实践课程师资不足等问题都严重制约了实践技能教学的开展。在资源有限的情况下，学校和教师可能更倾向于采用传统的、成本较低的理论教学方法。

针对上述问题，我们需要采取有效措施来改进成人高校学前教育的教学方法，加强实践技能的培养。首先，更新教育观念，树立以学生为中心的教学理念，重视学生能力的全面发展。教育部门和学校应当重新审视课程设置，确保理论学习和实践应用的平衡，为学生提供更多参与实践活动的机会。

加强师资队伍建设也是提升实践教学能力的重要途径。教师是实施教学活动的主体，其专业能力和教学方法直接影响教学效果。因此，加强对教师的培训，特别是在实践教学方法和技能方面的培训，是提高教学质量的关键。教育部门和学校应定期组织教师参加专业发展培训，提升其实践教学能力。

综上所述，成人高校学前教育领域中实践应用的薄弱是一个复杂的问题，涉及教育观念、评价体系、教学资源和师资队伍等多个方面。只有通过综合施策，改进教学方法，才能真正解决这一问题，提高学生的实践能力，培养符合社会需求的高素质人才。

五、评价机制单一

在探讨成人高校学前教育中传统教学方法时，评价机制的单一性是一个不容忽视的问题。长期以来，成人高校的评价体系主要依赖于笔试和闭卷考试，这种评价方式的核心在于通过考试成绩来衡量学生的学习效果和掌握的知识量。然而，这种以结果为导向的评价机制存在明显的局限性，它难以全面评估学生的学习过程、实际能力，以及知识的应用能力，这在学前教育领域表现得尤为突出。

学前教育作为一门综合性较强的学科，不仅包括理论知识的学习，更重视实践技能的培养和情感态度的形成。笔试和闭卷考试主要考查学生对知识点的记忆和理解，而对于教学实践、创新能力、批判性思维、沟通能力等方面的评价则显得力不从心。这导致教育评价的片面性，无法全面反映学生的学习成果和能力发展。

依赖单一的评价机制也忽视了过程评价的重要性。在教学过程中，学生的学习态度、参与度、合作能力以及解决问题的能力等都是评价学生综合素质的重要指标。然而，传统的笔试和闭卷考试往往只关注最终的考试成绩，而忽略了这一过程的观察和记录。这不仅使得评价结果失去了多元性，也忽略了教育的过程性，无法真正促进学生的全面发展。

单一的评价机制还忽视了能力评价的重要性。在当前社会，单纯的知识掌握已经不能完全满足社会的需求，更多的是对个体能力的要求，如创新能力、批判性思维能力、沟通协作能力等。然而，传统的笔试和闭卷考试难以有效评估这些能力，这种评价机制的局限性使得教育评价无法与社会需求相匹配，也影响了教育质量的提升。

因此，为了克服传统评价机制的这些不足，需要构建一个更为科学、全面的评价体系。这一体系应当包含以下几个方面。

第一，多元化评价方法的引入。在传统的教育评价体系中，笔试和闭卷考试常常成为评价学生学业成就的主要手段。这种评价方式强调记忆和重现知识，往往忽视了学生的综合能力、思维能力和实际应用能力的培养，难以全面、准确地反映学生的学习效果和能力。因此，引入多元化评价方法成为教育改革的重要方向之一。

多元化评价方法旨在通过多种手段综合评价学生的知识掌握、能力发展和综合素质，从而更全面地理解学生的学习状况和能力水平。这种评价方式包括开卷考试、口试、作业、项目、实践活动等，每一种方式都有其独特的评价重点和优势，能够从不同角度和层面评价学生的学习成果。

开卷考试允许学生在考试中查阅书籍和资料，这种方式更加注重考查学生的信息搜集能力、知识整合能力和实际应用能力，而不仅仅是记忆能力。它鼓励学生在学习过程中培养自主学习和批判性思维能力，从而更好地适应未来社会的需求。

口试则侧重于评价学生的口头表达能力、逻辑思维能力和即兴应变能力。通过口试，教师可以直接了解学生的思考过程，更准确地评估学生对知识的理解和应用能力。同时，口试也有助于提升学生的自信心和沟通能力。

作业和项目则是检验学生日常学习成果和实践应用能力的重要方式。通过布置具有挑战性的作业和项目，不仅可以激发学生的学习兴趣和创新思维，还可以促进学生团队合作和解决问题的能力。这种评价方式有助于培养学生的自我管理能力和终身学习能力。

实践活动，如实验、实习、社区服务等，强调学以致用，让学生将理论知识应用于实际情境中。通过参与实践活动，学生可以获得实际操作经验，提高解决实际问题的能力。此外，实践活动还有助于培养学生的社会责任感和团队协作精神。

第二，强化过程评价。在教学领域，强化过程评价是一种非常重要的教育策略，它远远超出了传统的以结果为导向的评价方法。这种评价方式的核心在于通过细致的观察记录、同伴评价、自我评价等多元化方法，细致关注学生的学习过程，而不仅仅是学习的最终结果。这样的评价机制强调的是学习态度、学习方法以及合作与交流能力的培养，旨在提供一个更全面、更客观的评价视角，帮助学生和教师更好地理解学习过程，从而促进学生的全面发展。

实施过程评价时，教师首先需要进行详细的观察记录。这意味着教师需要在日常的教学活动中，细致记录学生的学习行为、表现和进步，包括他们如何接受新知识、如何与同伴交流、如何解决学习中遇到的问题等。这种观察不仅仅基于课堂上的表现，也包括课后的学习活动和表现。通过这样的记录，教师可以更准确地把握每个学生的学习状态，为后续的个性化教学提供依据。

同伴评价也是过程评价中非常关键的一个环节。它鼓励学生们相互观察、相互学习，通过给予同伴反馈的方式来促进彼此的进步。这种评价方式可以帮助学生建立团队合作意识，提高沟通交流能力。更重要的是，同伴评价可以让学生们从不同的角度了解自己的学习状况，从而有助于他们更好地自我反省和自我提升。

自我评价则是让学生们自己成为评价的主体，鼓励学生们自我反思和自我监控学习过程。通过自我评价，学生可以更加清晰地认识到自己的学习目标，理解自己在学习过程中的优点和不足，从而有针对性地调整学习策略和方法。这种自主的评价方式对于培养学生的自主学习能力和终身学习能力具有重要意义。

综上所述，过程评价通过观察记录、同伴评价和自我评价等多元化的评价方式，不仅关注学生的学习结果，更重视学习过程中的各个方面，包括学习态度、学习方法和合作交流能力等。这种全面和客观的评价体系能够为学生提供更多的学习反馈和指导，帮助他们认识和提高自己，促进个性化学习和全面发展。通过实施过程评价，可以建立一个更加积极、互动和包容的学习环境，让每个学生都能在其中找到适合自己的学习路径，实现自我超越。

第三，注重能力评价。在当前的教育体系中，能力评价逐渐成为评估学生综合素质的重要部分。传统的评价方式往往过于侧重于书面考试和成绩，而忽略了学生的实际能力，如创新能力、批判性思维能力、沟通能力等。构建一个全面、科学的评价体系，不仅能更加全面地评估学生的能力，还能促进学生能力的发展，为他们的全面发展奠定坚实的基础。

创新能力是当前社会对个体提出的重要要求之一。创新能力的评价可以通过设计一系列的创新思维测试、解决问题能力测试等方式进行。例如，可以通过项目制学习，让学生在实践中面对真实的问题，自行设计解决方案，并实施这些方案。这种方式不仅能检验学生的创新思维和实践能力，还能激发学生的创新潜能，培养他们面对问题时的独立思考能力。

批判性思维能力是学生分析问题、解决问题不可或缺的能力。评价这一能力可以通过讨论、辩论、写作等形式来实施。例如，可以组织学生参与主题讨论会，让他们围绕一个主题进行深入研究，然后展开辩论，这不仅能锻炼学生的思维能力，还能培养他们的语言表达能力和逻辑推理能力。通过这样的活动，学生能在实践中学会如何分析问题、如何从多角度审视问题，从而提高自己的批判性思维能力。

沟通能力是人际交往中极为重要的一环，包括了口头表达能力、非语言表达能力以及听力理解能力等。评价学生的沟通能力可以通过组织公开演讲、小组合作、角色扮演等多种形式的活动。在这些活动中，学生需要学会如何清晰、有效地表达自己的想法，如何与他人进行有效沟通，以及如何通过非言语方式来传达信息。通过这些实践活动的参与，学生的沟通能力可以得到显著的提升。

这一系列的能力评价不仅仅是为了给学生一个分数，更重要的是通过评价反馈来促进学生能力的发展。教师和教育工作者需要根据评价结果，为学生提供个性化的指导和支持，帮助他们在自己的弱点上进行改进，从而促进其全面能力的发展。

第四，实施动态评价。在当今这个快速变化的时代，教育界正面临着如何更有效地促进每一位学生个性化发展的挑战。为了应对这一挑战，实施动态评价机制成了教育创新的重要一环。动态评价不仅关注学生的学习成果，更重视学生能力的发展过程和变化，它是一种更为全面和深入的评价方式，旨在通过持续的、动态的反馈机制，帮助教师及时调整教学策略和内容，以更好地支持每个学生的个性化发展。

动态评价的核心在于理解学生学习的连续性和发展性，这意味着评价不再仅仅是学期末的总结，而是一个贯穿学习过程始终的环节。通过定期和连续的观察、记录学生在学习过程中的表现，教师可以获得关于学生学习进度、理解深度以及遇到的困难的实时信息，它们可以作为调整教学策略的依据，以确保教学内容与学生的实际需求和能力发展水平相匹配。

实施动态评价还意味着对学生学习成果的多维度评价。除了传统的知识和技能掌握程度外，动态评价更加关注学生的思维能力、解决问题的能力、合作与交流能力等综合能力的发展。这种评价方式鼓励学生从不同的角度思考问题，培养学生的批判性思维和创造性思维，为学生将来的学习和生活打下坚实的基础。

动态评价的实施还需要教师具备相应的专业素养和技能。教师不仅要能够设计出准确反映学生学习过程和能力发展的评价工具和方法，还要能够有效地利用评价结果来指导教学。这要求教师不断地学习和更新自己的教育理念和教学方法，同时也需要教师能够熟练地运用数字技术来支持评价工作的开展。

此外，动态评价的成功实施还需要建立支持性的学校文化和环境。学校领导需要为教师提供必要的资源和支持，比如提供专业发展的机会，以及必要的技术和物质资源，来确保动态评价机制能够顺利实施。

总之，打破传统教学方法中评价机制的单一性，构建一个科学、全面、多元的评价体系，是提高成人高校学前教育质量、促进学生全面发展的关键。通过这种方式，可以更好地激发学生的学习兴趣，提升他们的实践能力和创新能力，最终达到培养高素质学前教育人才的目的。

第二节　创新教学方法的理论基础与技术支撑

一、以学习者为中心理论

在教育的领域里，以学习者为中心理论是一种将学生的需求、兴趣和学习风格置于首位的教育哲学。这种理论的核心观点是教育不仅仅是关于传授知识，更重要的是激发学生的主动学习、探索以及自我发展的能力。随着社会的发展和知识的爆炸，终身学习已经成了人们适应时代、实现个人价值的必要条件。尤其在成人学前教育领域，以学习者为中心理论的实践更是至关重要。成人学前教育在设计课程和教学活动时，必须紧密结合成人学习者的实际需求和兴趣，提供与实际生活和工作紧密相关的学习内容，使学习者能够看到学习的价值和意义。

以学习者为中心理论强调学习者的主动性，鼓励学习者积极参与学习过程，通过探索、实践、反思等多种方式来构建自己的知识体系。在成人学前教育中，教师的角色应从传统的知识传授者转变为学习的促进者和指导者。教师需要设计开放、灵活的学习环境，提供丰富的学习资源，引导学习者提出问题、进行探索和研究，通过项目、案例分析、小组讨论等形式，学习者可以在实践中学习，在反思中成长。

以学习者为中心理论还强调学习者之间的互动与合作。成人学习者通常具有丰富的生活经验和知识背景，通过小组合作学习，不仅可以促进学习者之间的知识交流和经验分享，还可以培养学习者的团队协作能力、沟通能力以及解决复杂问题的能力。这对于成人学习者在工作和生活中的成功至关重要。

为了有效实施以学习者为中心的教学方法，技术的支持不可或缺。随着数字技术的快速发展，数字学习资源、在线学习平台、虚拟现实技术等为成人学前教育提供了新的教学工具和方法。通过这些技术，教师可以创建更加丰富多样、互动性强的学习材料和活动，满足不同学习者的学习需求和偏好。同时，学习者也可以根据自己的时间和地点，通过网络进行灵活学习，这对于忙碌的成人学习者来说是一个巨大的便利。

在实施以学习者为中心教学方法的过程中，评估和反馈机制也非常重要，如自我评估、同伴评估、项目和作品集评估等，这些评估方法可以更全面地反映学习者的学习成果，促进学习者的自我反思和持续改进。

总之，以学习者为中心理论为成人学前教育提供了一种全新的教学理念和方法。通过将学习者的需求和兴趣放在首位，激发学习者的主动性和创造性，利用现代技术提供支持，可以有效地促进成人学习者的自我发展和终身学习能力的培养。这不仅对个人的成长和发展具有重要意义，也对社会的进步和发展产生积极影响。

二、构建主义学习理论

构建主义学习理论是现代教育理论和实践中的一个重要方向，它不仅深刻影响了我们对学习本质的理解，而且对教学方法的创新提供了理论基础和技术支持。构建主义认为，学习不是简单地接收和存储信息，而是一个主动的构建过程，学生通过与现有知识结构的互动，探索和实践来建立新的知识。这种观点强调了学习的主动性、情境性和社会性，从而推动了成人学前教育中教学方法的革新。

在构建主义学习理论的视角下，学习者不是空白的容器等待被填满，而是积极参与者，通过对问题的解决、对概念的探讨和对现象的观察，构建自己的知识体系。因此，教育的核心转变为如何设计和提供富有挑战性的学习情境，引导学习者基于自己的经验和先验知识进行有效的学习。

构建主义学习理论还强调学习的情境性。学习不应该脱离实际情境进行，而应该在具体的、有意义的情境中发生，这样学到的知识才能被有效地理解和应用。这就要求教育者设计接近真实世界的学习情境，让学习者在解决实际问题的过程中学习和应用新知识。情境学习不仅增加了学习的乐趣和动机，而且有助于学习者形成深层次的理解和长期的记忆。

此外，构建主义学习理论还突出了学习的社会性。这种观点强调了小组合作学习、同伴教学和社会互动在学习过程中的重要作用。在这样的学习环境中，学习者不仅能从他人那里获得新的信息和观点，而且还能通过讨论和合作来深化自己的理解，形成更加完整和复杂的知识结构。

为了支持构建主义学习理论的实施，教育技术的应用变得尤为重要。数字技术和网络资源为创建丰富多样的学习情境提供了可能，使得个性化学习和协作学习成为现实。例如，虚拟现实（VR）技术和增强现实（AR）技术可以创建沉浸式的学习环境，让学习者通过模拟的实践活动探索知识；在线协作工具如社交媒体平台、论坛和博客等，促进了学习者之间的互动和交流，增强了学习的社会性和参与感。此外，智能教学系统和自适应学习平台能够根据学习者的个性化需要和学习进度提供定制化的学习资源和反馈，进一步支持构建主义学习理论下的个性化和主动学习。

三、多元智能理论

在当今多元化的教育背景下，成人学前教育作为一门新兴的教学领域，正面临着诸多挑战与机遇。传统的“一刀切”式教育方法已经难以满足不同背景、不同需求的成年学习者的多样化需求。在这种情况下，多元智能理论的提出为成人学前教育创新教学方法提供了重要的理论基础和技术支撑。

多元智能理论由美国心理学家霍华德·加德纳（Howard Gardner）于 1983 年提出。该理论认为，智能不是一个单一的、固定不变的能力，而是多种不同智能的集合。加德纳最初提出了七种智能类型：语言智能、逻辑数学智能、空间智能、身体运动智能、音乐智能、人际智能和内省智能。后来，他又增加了自然观察者智能和存在智能。这一理论的核心观点在于认识到每个人都有自己独特的智能组合，教育应该尊重每个学习者的个性化需求，发展其各方面的智能。

在成人学前教育中，多元智能理论的应用可以帮助教育者识别并满足成年学习者的个性化学习需求。通过设计包含多种智能类型的教学活动，教育者可以更好地激发学习者的兴趣，提高其学习效率和成就感。例如：对于具有较强语言智能的学习者，教育者可以设计以阅读、写作为主的学习活动；对于具有较强逻辑数学智能的学习者，可以设计以解决问题、逻辑推理为主的活动；对于那些具有较强音乐智能的学习者，可以通过音乐活动来促进其学习。

除了设计多样化的教学活动之外，多元智能理论还强调教育环境的重要性。一个支持多元智能发展的教育环境应该是丰富多彩的，能够提供多种学习材料和资源，以满足不同智能类型学习者的需求。例如，教室内应该设置不同的学习区域，如阅读角、艺术区、科学实验区等，以促进学习者根据自己的兴趣和智能类型进行探索和学习。

技术的发展为实施多元智能理论提供了更多可能性。教育者可以利用在线教育平台提供的视频、音频、模拟实验等多媒体资源，设计富有吸引力的教学活动，激发学习者的多种智能。此外，教育技术工具，如智能教学软件、虚拟现实（VR）和增强现实（AR）技术，也为创新教学方法提供了新的途径。

随着教育技术的不断进步，未来成人学前教育领域将有更多的机会来探索和实践多元智能理论在教学中的应用，以实现更加个性化、高效的教育。

四、数字技术的应用

在当前的教育领域，数字技术的应用已经成为提高教学质量、促进学习效率和互动性的关键工具。创新教学方法，尤其是通过网络、多媒体等现代数字技术手段的应用，对于满足成人学前教育学习者的特殊需求具有至关重要的意义。

现代数字技术，特别是网络技术的应用，极大地扩展了教学资源的范围和深度。通过互联网，教师和学习者可以接触到几乎无限的教育资源，包括电子书籍、在线课程、专业论坛、教育软件等。例如，成人学前教育的学习者可以通过在线课程学习儿童心理学的基础知识，通过观看教育视频了解儿童早期发展的阶段特征，或通过参与专业论坛与其他教育工作者交流教学心得。这些丰富的资源不仅可以增加学习的趣味性和动机，还可以帮助学习者建立更为全面和深入的知识结构。

多媒体技术的应用在提高教学效率和质量方面发挥了重要作用。在成人学前教育中，多媒体教学可以帮助学习者更好地理解和掌握复杂的概念和知识。例如，通过动画视频展示儿童的社交行为模式，或通过互动软件模拟儿童游戏教学场景，学习者不仅可以直观地观察到理论知识在实践中的应用，还可以通过互动环节加深对知识的理解和记忆。此外，多媒体技术还支持个性化学习，学习者可以根据自己的学习进度和兴趣选择合适的学习资源和学习路径，从而提高学习效率。

数字技术特别是网络技术的应用，极大地促进了学习的互动性。通过在线讨论区、社交媒体平台、即时通信工具等，教师和学习者可以在任何时间、任何地点进行沟通和交流，分享学习资源、讨论学习问题、进行协作学习等。这种灵活的互动方式不仅能够适应成人学习者繁忙的生活节奏，还可以建立起学习者之间的社群，形成持续的学习支持和激励机制。

现代数字技术的应用还支持了教学方法和策略的创新。利用网络、多媒体等现代数字技术手段，不仅可以丰富成人学前教育的教学资源和手段，提高教学效率和质量，还可以增强学习的互动性和体验感，促进教学方法和策略的创新。面向未来，数字技术在成人学前教育领域的深入应用和发展，将不断推动教育理念和实践的更新，为学习者提供更加高效、个性化和互动性强的学习体验。

五、协作学习与翻转课堂

协作学习是一种以小组合作为基础的教学方法，它鼓励学习者通过团队合作完成学习任务，共同解决问题。在这一过程中，学习者不仅能够从老师那里获得知识，还能通过与同伴的交流和协作深化理解，促进思维的碰撞和创新。这种方法特别适合成人学习者，因为成人学习者通常拥有较丰富的生活和工作经验，他们能够将这些经验带入学习过程中，与其他学习者分享，从而丰富学习内容，增强学习的实践性和应用性。

翻转课堂是近年来兴起的另一种教学模式，它将传统教学模式中的课堂讲授和课后作业的顺序颠倒过来。在翻转课堂模式下，学生需要在课前通过观看视频讲座、阅读资料或进行其他形式的自学来掌握基础知识，课堂时间则用于讨论、解决问题和深入探讨。这种模式能够最大限度地发挥课堂时间的效用，让学生在教师的指导下进行深入的思考和交流，有助于知识的深化和技能的提升。对于成人学习者来说，翻转课堂模式能够提供更大的灵活性，使他们能够根据自己的时间和节奏进行学习，更好地平衡工作、生活和学习之间的关系。

将协作学习与翻转课堂结合起来，可以进一步激发成人学习者的学习兴趣，促进知识的深入理解和应用。在这种融合模式下，学习者在课前通过自学掌握基础知识，课上通过小组合作探讨问题、分享经验、提出解决方案，既利用了翻转课堂的优势，又发挥了协作学习的特点。这种方法不仅能够提高学习效率，还能够增强学习者之间的互动和沟通，培养团队协作能力和解决实际问题的能力。

有效实施协作学习与翻转课堂模式，需要一定的理论基础与技术支撑。从理论上来讲，这种教学模式基于构建主义学习理论，强调知识的社会性和情境性，认为学习是一个主动构建的过程，学习者通过与环境的互动和协作来构建知识。

综上所述，协作学习与翻转课堂模式的结合为成人学前教育提供了一种创新的教学方法，不仅能够激发学习兴趣，促进知识的深入理解和应用，还能够培养学习者的团队协作能力和解决问题的能力。通过合理的设计和有效的实施，这种教学模式有望在成人学前教育领域发挥重要作用，促进教育的创新和发展。

第三节　创新教学方法在成人高校学前教育中的实践应用

一、案例教学法的应用

案例教学法是一种通过分析和讨论具体案例，让学生在模拟真实情境的过程中学习知识和技能的教学方法。这种方法强调学生的主体地位，鼓励学生积极参与，通过探索和讨论，深化对知识的理解和应用。在成人高校学前教育中应用案例教学法，可以使学生在解决实际问题的过程中，体验和理解学前教育的实践意义和价值。

案例教学法能够提供接近真实的学习情境，让学生通过具体的案例来理解学前教育的各种知识和理论。这些案例往往涵盖了学前教育中常见的问题和挑战，如儿童发展、课程设计、家庭与学校的合作等。通过分析这些实际情境中的问题，学生不仅能够理解理论知识的实际应用，还能够从中学习到如何观察、分析和解决问题。

案例教学法通过讨论和交流的形式，鼓励学生主动思考和分享自己的观点，这种互动性的学习过程有助于提高学生的批判性思维能力和沟通能力。在讨论案例时，教师可以引导学生从不同角度分析问题，考虑不同的解决方案，这不仅可以增加学生对问题的深入理解，还可以培养学生的创新思维和团队协作能力。

案例教学法能够强化学生的实践能力。通过模拟真实情境的案例分析，学生可以在安全的环境中尝试将理论知识应用于实践，这种“实践中学习，学习中实践”的过程，可以让学生更好地准备进入未来的工作岗位。同时，这种方法也有助于教师了解学生的学习状况和需要，从而进行针对性的教学设计和调整。

案例教学法的应用还能够提升学生的学习兴趣和动机。由于案例教学法强调学生的参与和体验，学生在学习过程中会感到更加主动和投入，这种积极的学习态度不仅有助于知识的吸收，还能够激发学生对学前教育领域的兴趣和热情。

成人高校应该重视案例教学法的开发和应用，为学生提供更多的学习机会和实践平台，以适应社会发展的需求，培养更多优秀的学前教育工作者。

二、项目式学习

项目式学习作为一种创新的教学方法，在成人高校学前教育中的应用越来越广泛。项目式学习的核心是以学生为中心，以项目为载体，让学习过程与解决实际问题相结合。在成人高校学前教育中，教师可以根据教学大纲和学生的实际需求，选择适合的主题进行项目设计。这些主题通常是与学前教育实践紧密相关的，比如儿童心理发展、早期教育方法、儿童健康与营养、幼儿园环境设计等。通过围绕这些主题，学生可以跨学科地进行探索和学习，从而获得更为全面和深入的知识体验。

在项目式学习过程中，学生需要分组进行合作。这不仅能够培养他们的团队协作能力，还能够促进知识的交流和分享。每个团队都需要根据项目主题制订详细的计划和实施方案，这包括确定项目目标、搜集相关资料、设计实施步骤、分配任务和责任等。在这个过程中，教师的角色更多是作为指导者和顾问，提供必要的指导和支持，帮助学生解决在项目实施过程中遇到的问题。

项目实施是项目式学习过程中的关键环节。学生在实施项目的过程中，能够将理论知识与实际情境结合起来，通过实际操作来深化对知识的理解。例如，在一个关于儿童健康与营养的项目中，学生不仅需要了解相关的理论知识，还需要实地考察幼儿园的餐饮安排，甚至可以尝试设计一套适合幼儿的健康饮食计划。通过这样的实践活动，学生能够更直观地理解和掌握知识，同时也能够发现问题并探索解决问题的方法。

项目式学习的另一个重要方面是反思和评估。在项目完成后，学生需要对整个项目过程进行反思，总结学到的知识和技能，以及在项目实施过程中遇到的问题和解决问题的策略。同时，教师也需要对项目进行评估，考查学生的学习成果和项目实施的效果。这种反思和评估不仅能够帮助学生巩固学习成果，还能够促进他们对自己学习方法的思考和改进。

总之，项目式学习作为一种创新教学方法，在成人高校学前教育中的实践应用具有重要意义，能够培养学生的实践能力、创新思维和团队合作精神，为他们将来的工作和生活打下坚实的基础。

三、模拟教学与角色扮演

在当今教育领域，尤其是成人高校的学前教育专业中，创新教学方法的引入和实践应用，已经成为提升教学质量和效果的重要手段之一。其中，模拟教学与角色扮演作为一种有效的教学策略，其价值和意义日益被教育工作者和学习者认可。

模拟教学与角色扮演是一种将学习者置于近似实际工作环境中的教学方法，通过模拟现实生活或工作情境，让学生扮演特定角色，进行相应的教育活动和实践操作。这种方法不仅能够激发学生的学习兴趣，还能增强他们的实践操作能力和解决问题的能力，从而达到理论与实践相结合的教学效果。

在成人高校学前教育专业的教学中，模拟教学与角色扮演的应用尤为重要。采用模拟教学与角色扮演的教学策略，不仅能够充分调动成人学生的学习积极性，还能有效地帮助他们将理论知识与实践经验相结合，提升专业技能和教育实践能力。

实施模拟教学与角色扮演时，首先需要创建一个接近真实的教育场景。这可以是一个模拟的幼儿园教室，也可以是一个虚拟的家庭环境，或者是其他任何可以让学生进行教育实践的场所。在这个场景中，学生被分配不同的角色，如教师、幼儿、家长等，每个人都需要根据自己的角色扮演，完成特定的教育任务和活动。

通过模拟教学与角色扮演，学生可以在一个相对安全的环境中尝试各种教学方法和策略，探索和解决实际教育过程中可能遇到的问题。例如，扮演教师角色的学生需要设计和实施教学活动，评估幼儿的学习情况，与家长进行有效沟通等，而扮演幼儿或家长角色的学生，则可以从不同的视角体验和反馈教育活动的效果，为教学提供宝贵的建议和改进建议。

模拟教学与角色扮演还能够促进学生之间的交流与合作。在模拟的教育场景中，学生需要相互协作，共同完成教育任务。这种合作不仅有助于提升学生的团队协作能力，还能增强他们的社会交往能力和沟通技巧，这对于未来的教育工作是非常重要的。

尽管模拟教学与角色扮演具有诸多优势，但在实践应用中也面临一些挑战和困难。例如，创建一个高度模拟的教育场景需要大量的资源和精心的设计，评估学生在模拟教学中的表现和学习效果也较为复杂。因此，教育工作者需要不断探索和创新，找到有效的解决策略，以确保模拟教学与角色扮演能够在成人高校学前教育中发挥最大的效果。

四、网络与远程教育

在当前数字化时代，网络与远程教育已成为教育领域的一大创新趋势。这一教育模式在成人高校学前教育中的实践应用，特别体现了其对于满足成人学习者特殊需求的巨大潜力和价值。通过在线课程和资源，学习者不需要前往实体校园，就能够利用工作之余的零散时间进行学习，有效解决了成人学习者面临的时间和空间约束问题。

网络与远程教育平台通过丰富多样的教学资源和互动工具，为成人学习者提供了个性化和互动式的学习体验。例如，视觉学习者可以通过观看视频讲座和教学动画来学习，而言语学习者则可以通过参与在线讨论来加深理解。此外，这些平台还提供了个性化的学习路径和进度跟踪，使得学习者能够根据自己的学习进度和理解程度调整学习计划，进一步增强了学习的灵活性和有效性。

网络与远程教育在促进学习者之间以及学习者与教师之间的交流和互动方面，展现了巨大的优势。在线讨论论坛和社交媒体工具使得学习者可以轻松地分享知识、讨论问题和交流学习经验，从而建立起一个互助合作的学习社区。这种社区不仅能够增强学习者的学习动力和参与度，还能够提供额外的知识资源和学习支持。同时，教师可以通过这些工具实时监控学习者的学习进度和问题，及时提供反馈和辅导，从而实现了更有效的教学管理和指导。

网络与远程教育为成人高校学前教育提供了一种新的教学资源和方法的整合平台。例如，虚拟现实和增强现实技术的应用，可以为学习者提供更加生动和真实的学习体验，使他们能够通过模拟环境来学习儿童发展、幼儿园管理等课程内容，从而提高学习效果。

综上所述，网络与远程教育在成人高校学前教育中的实践应用，不仅为成人学习者提供了前所未有的学习便利性和灵活性，还通过提供个性化和互动式的学习体验、促进学习者之间的交流互动，以及整合最新教育资源和技术，大大提升了教育质量和效果。随着技术的不断进步和教育理念的不断创新，网络与远程教育将继续在成人教育领域发挥重要作用，推动教育的发展和变革。

五、综合能力评价

在成人高校学前教育中，综合能力评价的提出，是对传统评价方法的有效补充和完善，它采用多元化的评价方式，如自我评价、同伴评价、过程性评价等，旨在全面评估学生的学习过程、学习成果和能力发展，鼓励学生的全面发展。

自我评价是综合能力评价中的重要组成部分，它鼓励学生对自己的学习过程和学习成果进行反思和评价。通过自我评价，学生可以清晰地认识到自己的学习强项和弱项，从而更有针对性地调整学习策略和方法。自我评价不仅提高了学生的自我反思能力，也增强了学生的自我管理和自我监控能力，为学生终身学习奠定了坚实的基础。

同伴评价则是指学生之间相互评价学习过程和学习成果的一种评价方式。这种评价方式能够建立起学生之间的互助和合作关系，促进了学习社群的形成。通过同伴评价，学生可以从不同的视角审视自己的学习，从而获得更为全面的反馈信息。同时，同伴评价也能够培养学生的批判性思维能力和沟通能力，为学生未来的职业生涯和社会生活提供了重要的技能训练。

过程性评价则更加注重学习过程而非仅仅是学习结果。这种评价方式认为，学习是一个持续的过程，学生的学习态度、学习策略、参与度等都是评价的重要内容。过程性评价通过对学生学习过程的观察和记录，能够更真实地反映学生的学习状态，有助于教师及时调整教学策略，满足学生的个性化学习需求。此外，过程性评价还能够激励学生积极参与学习过程，培养学生的自主学习能力和解决问题能力。

综合能力评价的实施，需要教师具备全面的评价知识和技能。教师不仅要能够设计多元化的评价工具，还需要能够合理地解读评价结果，将评价结果有效地反馈给学生，帮助学生进行自我提升。同时，教师还需要建立起正向的评价文化，鼓励学生积极参与评价过程，形成积极向上的学习氛围。

在实践中，综合能力评价的有效实施还面临着一些挑战和困难。例如：评价标准的制定需要充分考虑学生的个体差异，确保评价的公平性和科学性；评价工具的设计需要兼顾效率和效果，避免增加学生和教师的负担；评价结果的应用需要注重促进学生的成长和发展，避免形成对学生的负面影响。因此，教师和教育管理者需要不断探索和实践，不断优化评价体系，真正实现学生的全面发展。

总之，综合能力评价作为成人高校学前教育中创新教学方法的重要组成部分，可通过多元化的评价方式，全面评估学生的学习过程、学习成果和能力发展，旨在促进学生的全面发展。实践证明，综合能力评价能够有效提高学生的学习动机和学习效果，为学生的终身学习和全面发展奠定坚实的基础。

第五章　师资队伍建设与专业化发展

本章深入探讨了成人高校学前教育领域中师资队伍的当前状况、面临的挑战以及其专业化发展的路径与策略。在这一章中，我们首先概述了成人高校学前教育师资队伍现状，包括师资规模、结构、能力和现行的教育培训体系等方面的情况，同时指出了在师资队伍建设方面存在的问题和挑战，如教师专业知识和技能的不足、教学方法的落后、师德师风建设的缺失等。其次，本章着重讨论了教师专业化发展的路径与策略，强调了持续的专业培训、实践经验积累以及教育科研能力提升在教师成长过程中的重要性。提出了具体的发展路径，包括制订个性化的职业发展计划、鼓励参与国内外交流与合作、加强教育技术的应用培训等，以期提升教师的专业能力和教学质量。最后，本章通过分享师资队伍建设的实践探索与经验，揭示了成功的师资队伍建设策略和案例。包括但不限于制订合理的师资队伍结构优化方案、实施师德师风教育、开展针对性的培训项目以及建立有效的激励与评价机制等。

第一节 成人高校学前教育师资队伍现状与挑战

一、师资结构的多样性

在当代教育领域，特别是成人高校学前教育的师资队伍建设中，我们面对的是一个复杂而多元的局面。这种复杂性主要表现在师资队伍结构的多样性上，这不仅是成人高校学前教育的一大特色，也是其发展中的重要挑战。

成人高校学前教育师资队伍的多样性主要体现在以下几个方面：兼职与全职教师的比例、教师的教育背景差异、专业能力与教学经验的不同等。这种多样性的存在，一方面为成人高校学前教育带来了丰富的教育资源，另一方面也带来了不少管理与运营上的挑战。

从兼职与全职教师的比例来看，成人高校学前教育往往依赖于大量兼职教师的投入。这些兼职教师可能来自其他教育机构，也可能是行业内的专业人士。他们的参与，可以为学生提供更多元化的知识和视角，尤其是那些具备丰富实践经验的专业人士，能够将理论与实践紧密结合，增强教学的现实意义。然而，过分依赖兼职教师也会带来问题，如教学质量的不稳定、教师与学生之间缺乏深入的交流与联系，以及教学资源配置困难等。

教师的教育背景差异也是成人高校学前教育师资队伍多样性的一个重要表现。背景的多样性，为教育实践提供了宽广的视野和多样的解决方案，促进了创新和适应性的提高。但与此同时，教育背景的差异也可能导致教学理念和方法上的分歧，影响团队的协作和教育的一致性。

专业能力与教学经验的不同，进一步加剧了成人高校学前教育师资队伍的多样性。有的教师在特定领域具有深厚的专业知识，而有的教师则擅长教学方法和技巧。这种差异使得师资队伍能够全面地满足成人学生多样化的学习需求，促进了学生能力的全方位发展。然而，这也要求教育管理者在师资队伍构建和课程设计上投入更多的精力，以实现教师资源的最优配置和利用。

面对这样的多样性，成人高校学前教育的管理者需要采取有效的策略来应对挑战，实现师资资源的最大化利用。首先，要设置合理的兼职与全职教师比例，保证教学质量的同时，也能引入新的教学资源和视角。其次，通过定期的培训和交流活动，缩小教师之间在教育背景和专业能力上的差距，促进教学理念和方法的统一。最后，加强教师团队的建设，鼓励教师之间的合作与交流，利用各自的优势，共同提升教育质量。

总之，成人高校学前教育师资队伍的多样性既是其独特优势，也带来了不少挑战。通过有效的管理和策略调整，我们不仅可以克服这些挑战，还能更好地利用这种多样性，促进成人高校学前教育的发展和进步。

二、专业知识更新滞后

专业知识更新滞后问题，已经成为制约成人高校学前教育专业师资队伍发展的重要因素。在学前教育领域，从教育理论的创新到教学方法的革新，从教育技术的应用到教育评价的变革，无不在告诉我们教育的内容和形式正在发生深刻变化。然而，部分成人高校的学前教育师资队伍尚未适应这些变化。一方面，教师个人专业发展的自我驱动力不足，对新知识、新技术的学习缺乏足够的重视；另一方面，高校提供的培训机会有限，培训内容往往与实际教育教学需求不匹配，导致教师在专业知识和教学方法的更新滞后。

专业知识更新滞后的原因是多方面的。首先是教师个体因素。例如，一些年长的教师可能因为习惯了传统的教学方式，对新的教育理念和技术持保守态度。其次，学校和政策环境也是重要的影响因素。如果学校缺乏有效的激励机制和支持体系，教师难以获得足够的时间、资源进行专业发展，政策层面没有给予足够的重视和支持，都会导致教师专业知识更新的滞后。最后，教育技术的快速发展也给教师带来了挑战，尤其是那些对技术不太熟悉的教师，跟上技术发展的步伐显得尤为困难。

面对专业知识更新滞后的问题，成人高校的学前教育师资队伍应该采取多种措施来应对。首先，提高教师个人的专业发展意识。教师应该意识到终身学习的重要性，主动探索和学习新的教育理论和技术，通过参加各种培训、研讨会等方式，提升自己的专业知识和教学能力。其次，高校应该提供更多的支持和资源。

例如，建立更完善的培训体系，定期举办专业知识更新培训，引进先进的教育技术和教学方法，为教师提供学习和实践的平台。此外，加强校企合作，引入实践基地，也是提升教师专业知识和技能的有效途径。通过与幼儿园等教育实践基地的紧密合作，教师可以直接参与教育教学实践中，将理论与实践相结合，及时了解和掌握最新的教育理论和技术，有效地解决专业知识更新滞后的问题。

三、实践经验的不足

成人教育的特殊性要求教师不仅要有扎实的专业知识，更要具备丰富的实践经验和高度的教育智慧。尤其是新进教师，他们面临的最大挑战之一便是缺乏必要的实践经验，这在很大程度上影响了他们应对成人教育特殊需求和挑战的能力。

首先，成人学习者与传统学龄学生在学习需求、动机、背景和学习方式上有着本质的不同。成人学习者往往有着更为复杂的个人背景，比如他们可能已经进入职场多年，拥有丰富的工作经验和生活经历。这使得他们在学习时不仅寻求知识的传授，更看重知识与实践的结合，以及如何将所学应用于实际工作和生活中。因此，教师不仅要有深厚的理论知识，还需要根据成人学习者的特点和需求，设计出更为实用和贴近实际的教学内容和方法。这不仅限于教学内容的设计，还包括如何有效管理课堂、如何激发成人学习者的学习动力、如何处理成人学习者之间的不同学习需求和学习速度的差异等。这些都是需要在长期的教学实践中才能逐渐掌握和提高的技能。

其次，成人教育的环境和条件也对新进教师提出了更高的要求。成人高校学前教育往往在晚上或周末进行，学习者的时间和精力都十分有限。这就要求教师在有限的时间内，不仅要完成教学任务，还要尽可能地提高教学效果。这对教师的课堂管理能力、时间管理能力以及如何高效利用教学资源提出了挑战。缺乏实践经验的新进教师往往在这些方面感到吃力，难以满足成人学习者的期望和需求。

面对这些挑战，新进教师需要在实践中不断学习和提高。同时，成人高校也应该为新进教师提供更多的支持和培训。这包括组织专门的成人教育教学法培训、提供教学观摩和实践机会、建立导师制度等，帮助新进教师尽快适应成人教育的特殊环境，提高他们的教学能力和实践经验。

四、激励机制不健全

在目前的教育体系中，成人高校学前教育师资队伍的发展正面临一系列挑战，其中最为突出的问题之一便是激励机制的不健全。这一问题的核心在于职业发展路径的不明确以及薪酬与福利待遇的不足，这不仅影响了教师的职业满意度和工作积极性，也严重制约了优秀教师资源的吸引和保留，从而对成人高校学前教育的质量和发展造成了不利影响。

职业发展路径的不明确是导致教师职业吸引力下降的一个重要因素。在很多成人高校中，学前教育师资队伍普遍缺乏清晰的职业晋升机制和职业发展规划。教师往往在入职之初便面临着职业前景的模糊不清，不确定自己的职业生涯能否有所发展，是否有机会晋升为高级教师、教授或是担任学术领导职务。这种不确定性使得教师在职业选择和职业发展过程中感到迷茫和挫败，进而影响了他们的工作热情和教育教学质量。

薪酬和福利待遇的不足是影响教师留存的另一个关键因素。相较于其他职业，尤其是在经济发展较快的地区，成人高校学前教育教师的薪酬往往不具有竞争力，难以满足教师及其家庭的生活需求，更别提吸引更多的优秀人才投身于此。除了薪酬问题外，福利待遇的不足也是一个不可忽视的问题，如医疗保险、住房补贴、子女教育支持等福利的缺失，使得教师在长期的职业生涯中感到压力重重，难以感受到职业的安全感和归属感。

面对这些挑战，成人高校学前教育师资队伍的激励机制急需改革和完善。建立明确的职业发展路径和晋升机制是关键。这需要教育管理部门和高校共同努力，为教师提供清晰的职业规划指导，明确晋升条件和程序，增强教师的职业发展预期。同时，通过设立特殊岗位、优秀教师奖励等方式，为教师提供更多的职业发展机会和激励。

提高薪酬和改善福利待遇是留住优秀教师的重要措施。同时，完善教师的福利体系，提供更为全面和人性化的福利支持，如医疗保险、住房补贴、职业发展培训等，从而增强教师的职业满意度和忠诚度。

加强教师的职业认同和文化建设也是不可忽视的方面。通过建立积极向上的校园文化，增强教师之间的交流与合作，提升教师的职业荣誉感和使命感，可以有效激发教师的工作热情和创新能力，进而提高教育教学质量。

综上所述，成人高校学前教育师资队伍面临的激励机制不健全问题需要通过多方面的努力来解决。只有建立起一套完善的激励机制，明确职业发展路径，提高薪酬和福利待遇，加强职业认同和文化建设，才能吸引和留住更多的优秀教师，为成人高校学前教育的发展提供强有力的师资支持。

五、专业发展支持不足

在当今社会，成人高校学前教育师资队伍的建设受到了广泛的关注。教师作为教育的主体，其专业发展的质量直接影响到教育的效果和质量。教师专业发展的支持体系不完善，这是导致当前挑战的根本原因。在很多成人高校，尽管有关部门对教师专业发展的重要性有所认识，但在实际操作中，缺乏一个系统性的、长期的支持机制。这种支持机制不仅包括财政资助、政策指导，还包括专业培训和心理辅导等多方面的内容。没有这样的支持体系，教师的专业成长就会变得非常困难。

教师在专业成长过程中面临着时间和资源的双重压力。一方面，成人高校的教师往往要承担较重的教学任务，他们需要准备课程、批改作业、指导学生等，这些都占用了大量的时间。在这样的情况下，教师很难有足够的时间来参与专业培训或者自我学习。另一方面，即使教师想要提升自己，也面临着资源不足的问题。这里的资源不仅仅是财力，还包括获取专业知识和技能培训的平台和机会。在很多情况下，成人高校缺乏有效的培训机制和资源分享平台，这使得教师很难接触到前沿的教育理论和教学方法。

教育理念的刷新和教学技能的提升是教师专业发展的重要内容，但在实际中却常常被忽视。随着社会的发展和教育理念的不断更新，教师需要不断地学习新的知识和技能，以适应教育的需要。然而，在当前的体系下，教师很难得到系统性的理论培训和实践指导。很多时候，教师的进修学习只能依靠自我摸索，这无疑增加了他们的学习成本和时间成本，也降低了学习效率。

面对这些挑战，成人高校和相关部门需要采取有效措施来支持教师的专业发展。首先，建立一个全面的支持体系是基础。这个体系应该包括专业培训和心理辅导等多个方面，为教师的成长提供全方位的支持。其次，增加教师专业发展的投入，为他们提供足够的时间和资源。这可以通过减少教师的教学负担、提供专业培训的机会和资源等方式来实现。最后，重视教育理念的更新和教学技能的提升，通过定期的培训和研讨会，引导教师不断学习新的教育理念和教学方法。

第二节　教师专业化发展的路径与策略

一、加强基础培训

基础培训为新入职的教师提供了全面了解和掌握学前教育理论、教育心理学、教学方法和策略的机会。这不仅是他们职业生涯的起点，也是确保他们能够有效执行教育任务的基石。

学前教育理论作为教师专业化培训的重要组成部分，为教师提供了关于幼儿发展阶段、学习特点、如何根据幼儿的发展需要进行教学等要点的深入理解。了解和掌握这些理论对于教师来说至关重要，因为这直接影响到教学策略的选择和实施。通过深入研究蒙台梭利、维果茨基、皮亚杰等教育大师的理论，教师能够更好地理解幼儿的心理发展规律，从而在教学中更加注重幼儿的主动参与和经验学习。

教育心理学的学习对于教师而言同样重要。它不仅帮助教师理解幼儿的心理特点和行为模式，还能够指导教师如何应对幼儿在学习过程中可能出现的各种心理问题。例如，通过学习注意力分散、情绪波动、社会交往障碍等问题的心理学原理和应对策略，教师能够更有效地支持幼儿的健康心理发展，促进其积极的学习态度和行为习惯的形成。

教学方法和策略的培训则更加侧重于实践应用。在这部分的培训中，教师将学习到如何设计和实施有效的教学活动，如何使用不同的教学资源和工具，以及如何根据幼儿的实际情况调整教学策略。此外，教师还需要掌握如何评估幼儿的学习进度和教学效果，如何与家长沟通和合作，以及如何在教学过程中不断反思和改进。这些技能的培训不仅提升了教师的专业能力，也增强了他们的自我发展能力。

为了加强基础培训，教育机构和培训机构应采取多种措施。首先，应定期组织针对新入职教师的培训班或研讨会，以确保他们能够及时、全面地掌握最新的教育理论和教学方法。其次，可以通过建立师徒制度，让经验丰富的教师指导新教师，从实践中学习和成长。最后，还可以利用线上资源和平台，为教师提供更灵活、更丰富的学习机会。

二、持续的专业发展

成人学前教育专业教师的专业化发展是一个长期而复杂的过程，需要持续不断地进行知识更新、技能提升和教学方法改进。建立在线学习平台是促进教师持续专业发展的重要途径之一。随着互联网技术的普及和发展，网络学习已经成为一种便捷、灵活的学习方式。成人学前教育机构可以通过建设专门的在线学习平台，为教师提供丰富的教学资源、课程内容和学习工具。这些平台可以包括教学视频、教学案例、教学资料、论坛讨论等多种功能，帮助教师进行自主学习和交流，拓展专业知识和教学技能。同时，教师可以根据自己的兴趣和需要选择适合自己的学习内容和学习时机，实现个性化、差异化的学习体验。通过在线学习平台，教师不仅可以学习到最新的教育理论和研究成果，还可以了解到国内外成人学前教育的最新发展动态，从而不断提升自己的教学水平和专业素养。

组织工作坊和研讨会也是促进教师持续专业发展的重要方式之一。工作坊和研讨会是一种面对面的专业学习和交流活动，具有互动性强、实用性强的特点。成人学前教育机构可以定期组织各类主题的工作坊和研讨会，邀请专业领域的专家学者、优秀教育实践者参与，就教学方法、课程设计、教学评价、学生管理等方面展开深入讨论和交流。教师通过参与这些活动，不仅可以学习到专业知识和技能，还可以与其他教师进行经验分享、教学反思和合作探讨，促进自己的教学改进和专业成长。此外，工作坊和研讨会还可以为教师提供与同行交流的机会，建立起良好的师徒关系和合作网络，增强教师的归属感和职业认同感。

除此之外，还可以采取其他多种形式和途径，如定期举办专业培训课程、开展教学观摩活动、推行导师制度等，为教师提供更加全面、系统的持续专业发展支持。例如，可以开设针对不同教学领域和教学阶段的专业培训课程，帮助教师提升自己的专业技能和教学水平。可以组织教学观摩活动，邀请教师走进优秀学校或者课堂，观摩他人的教学实践，借鉴他人的教学经验和教学方法。可以实行导师制度，建立起一对一的教师指导和辅导关系，为新教师提供个性化的职业发展指导和支持。

三、促进实践与研究相结合

随着社会对学前教育的需求不断增加，成人学前教育专业教师需要具备更高水平的教育理论和实践能力，以适应日益多样化和复杂化的学前教育环境。其中，促进实践与研究相结合是实现专业化发展的关键路径之一。

鼓励教师积极参与学前教育的实践研究项目是促进其专业化发展的有效途径之一。实践研究项目可以是针对学前教育领域的具体问题或挑战展开的研究，也可以是教育实践中的创新与改进的实践探索。通过参与这些项目，教师不仅可以深入了解学前教育领域的最新发展和研究动态，还可以将理论知识与实践经验相结合，不断提升自身的教学水平和研究能力。同时，实践研究项目也为教师提供了与同行交流、合作的机会，促进了教育专业群体的共同成长与进步。

实践探索与理论研究相结合是提升成人学前教育专业教师能力的重要途径之一。学前教育是一门实践性强、理论性深的学科，实践与理论的结合是成人学前教育专业教师专业化发展的核心。在教学实践中，教师可以通过不断尝试、探索新的教学方法和策略，将理论知识转化为实际教学效果。例如，教师可以根据学前儿童的特点和需求，设计并实施适合其发展的教育活动，通过实践检验和调整教学方案，不断提升教学的有效性和针对性。同时，教师还可以将教学实践中的经验和反思与学前教育理论相结合，进行深入的理论思考和研究，促进个人专业素养的全面提升。

建立良好的实践研究平台和支持体系也是促进成人学前教育专业教师专业化发展的重要策略之一。学前教育机构可以建立专门的实践研究中心或项目，为教师提供参与实践研究的平台和支持，鼓励他们积极参与各类实践研究项目中去。此外，学前教育机构还可以加强对教师的培训与指导，帮助他们提升研究设计、数据分析等研究方法的应用能力，提高实践研究的质量和水平。

综上所述，相信在各方的共同努力下，成人学前教育专业教师的专业化水平将不断提升，为学前儿童的全面发展和健康成长提供更加优质的教育服务。

四、建立激励机制

成人学前教育是一项重要的教育事业，对于提高社会整体素质、促进人的全面发展具有重要意义。而成人学前教育专业教师的专业化发展，是保障该专业高质量运行的关键之一。在构建成人学前教育专业教师专业化发展的路径与策略中，建立激励机制是至关重要的一环。

职业晋升体系的建立是激励机制的重要组成部分。通过建立科学合理的职业晋升路径，可以激励教师不断提升自身素质，追求专业发展。这一晋升体系应该包括不同级别的职称设置，例如初级、中级、高级等，同时需要明确晋升的条件和标准。比如，教师需要通过专业技能培训、教学能力评估等方式来积累经验、提升水平，从而逐步实现职业晋升。

绩效奖励是激励机制的重要手段之一。通过对教师的工作表现进行评价，并给予相应的奖励，可以有效地激发教师的工作热情和积极性。绩效奖励应该以客观的指标为基础，包括教学质量、学生评价、科研成果等方面的表现。同时，奖励可以采取多种形式，例如提供额外的薪酬、发放奖金、给予荣誉称号等，以满足不同教师的需求和动机。

研究资助也是激励教师专业成长的重要方式之一。成人学前教育是一个不断发展和创新的领域，需要不断进行理论探索和实践研究。因此，为教师提供科研项目资助、学术会议参与支持、科研成果转化奖励等，可以有效地促进教师的专业成长和学术交流。同时，建立良好的科研团队和合作机制，为教师提供合作交流的平台，也是非常必要的。

除了以上几点，还可以通过建立良好的教育教学环境、提供持续的专业培训和发展机会等方式，进一步激励教师的工作热情和专业成长动力。例如，为教师提供先进的教学设备和教学资源，创设有利于教学创新和实践探索的教学环境，可以有效地激发教师的创新意识和教学热情。同时，定期组织专业培训和学术交流活动，为教师提供不断学习和成长的机会，也是非常必要的。

通过职业晋升体系、绩效奖励、研究资助等方式，可以激发教师的工作热情和专业成长动力，提升教育教学质量，推动成人学前教育事业的健康发展。同时，需要注重制度建设和政策保障，确保激励机制的有效实施和长期持续。只有这样，才能实现成人学前教育专业教师队伍的高素质化和专业化发展，为提升国家整体教育水平做出更大的贡献。

五、创建专业发展社区

随着教育理论和实践的不断进步，教师不仅需要不断更新自身的专业知识和技能，还需要建立起一种持续学习和成长的机制。在这个过程中，创建专业发展社区或网络成了一种行之有效的策略。这样的社区或网络不仅为教师之间的经验交流和相互学习提供了平台，而且营造了支持和鼓励教师专业成长的环境。

专业发展社区的建立，首先基于对成人学前教育领域特有挑战的认识。成人学前教育教师面临的挑战包括但不限于如何有效地调动成人学习者的积极性，如何设计适合成人学习者的教学内容和方法，如何评估成人学习者的学习效果等。这些挑战要求教师不仅需要具备扎实的学前教育理论知识，还需要有能力将这些理论应用到成人教育的实践中去。因此，教师之间的共享经验和互相学习变得尤为重要。

创建专业发展社区或网络，可以从以下几个方面入手。

第一，明确社区或网络的目标和原则。在当今快速变化的教育环境中，建立一个致力于专业发展的社区对于教师个人和集体成长至关重要。这样的社区提供了一个共享的平台，让教师们能够相互学习，分享经验，探索创新的教学方法，并共同面对教育行业的挑战。为了确保社区能够有效运作并实现其成立的目标，明确社区或网络的目标和原则是一个基础且重要的步骤。首先，专业发展社区的建立应基于促进教师个人和集体的成长目标。这意味着社区的设计和活动应当围绕着支持教师在职业生涯中不断进步的需求展开。为此，社区成员需要共同探讨和确定社区的愿景、目标和运作原则。这一过程不仅帮助确保社区的活动能够满足成员的具体需要和期待，也促进了成员之间的相互理解和信任，为建立稳定而持久的专业关系奠定了基础。明确社区愿景是开始这一过程的第一步。这个愿景应该是一个共同的理想，描述了社区希望实现的长远目标。例如，一个可能的愿景是“创建一个支持性的学习环境，促进教师的持续专业成长和创新教学实践的探索”，它不仅提供了社区活动的指导方向，也为成员提供了一个共同的目标。接下来，基于这个愿景，社区需要具体明确其目标。这些目标应该是可衡量的，并且与社区愿景紧密相关。目标的设定应考虑社区成员的实际需求和期望，涵盖教学技能的提升、知识的更新、创新方法的探索等方面。例如，目标可以是“每学期至少组织一次专题研讨会，分享最新的教育理论和教学实践”或者“建立一个资源共享平台，促进教学材料和经验的交流”。为了达到这些目标，社区的运作原则同样重要，以确保社区成员共同遵守的行为准则和价值观，确保社区活动的高效、公正和透明。原则可能包括尊重每位成员的意见和贡献、鼓励开放和诚实的交流、维护积极和支持性的环境等。通过明确这些原则，社区为成员创造了一个安全和鼓励的空间，使他们愿意分享自己的观点和经验，从而促进了知识和经验的互惠互利。

确保社区的活动能够满足成员的需要和期待，要求社区不断地反思和调整其愿景、目标和运作原则。这意味着社区应该定期收集成员的反馈，评估社区活动的效果，并根据需要进行调整。例如，如果社区成员表达了对某个特定主题的强烈兴趣，社区可以组织相关的工作坊或研讨会来满足这一需求。同样，如果某项活动未能达到预期的效果，社区应该探索原因并寻找改进的方法。

第二，促进教师之间的经验交流。在教育领域，教师之间的经验交流被认为是提高教学质量和促进教育创新的重要手段。为了实现这一目标，社区和教育机构应定期组织会议、研讨会和工作坊等活动，鼓励教师分享自己的教学实践经验、教学方法和教学材料。这种经验的共享不仅能够帮助教师从同行的成功经验中学习，还能够通过反思别人的教学案例来审视和改进自己的教学实践。通过组织会议和研讨会，教师可以在一个开放和包容的环境中交流思想和经验。这些活动为教师提供了一个平台，使他们能够讨论和分享最佳实践、创新教学策略和面临的挑战。例如，一位在多元文化教室中教学的教师可能分享他或她如何成功地融合了不同文化背景的学生，从而为其他教师提供了宝贵的见解和策略。此外，这些活动还促进了跨学科的合作，教师可以从其他学科中学习新的方法和观点，进而丰富自己的教学内容和方法。工作坊提供了一个更为实践的学习环境，教师可以在这里学习新技能和技术，比如使用新的教学技术工具或者开发互动式学习活动。通过这些实践活动，教师能够立即反馈和调整自己的学习，这种学习方式对于成人学习者来说尤为有效。这不仅提高了教师的专业技能，还增加了他们将新知识和技能应用于教学实践中的信心，经验交流还包括了教师之间对教学材料的共享。在教育资源日益紧张的背景下，通过共享课程设计、讲义、习题和其他教学资源，教师可以节省大量的时间和精力，避免"重新发明轮子"。

此外，通过审视和使用同行的教学材料，教师可以获得新的灵感和想法，这可能会激发他们创造更有效和吸引人的教学内容。此外，通过对外部专家的邀请讲座和研讨，教师还可以了解到教育领域的最新研究成果和趋势。这些活动不仅为教师提供了学习新知识的机会，还激发了他们对自己教学实践的深入思考。例如，了解到新的学习理论后，教师可能会重新审视自己的教学方法，探索如何更好地满足学生的学习需求。然而，要确保这种经验交流活动的成功，关键在于建立一个支持和鼓励分享的文化。这意味着，教育领导者需要认识到经验交流的价值，为教师参与这些活动提供时间和资源上的支持。同时，应该鼓励教师保持开放的心态，愿意分享自己的成功和失败，因为从失败中学习同样重要。

第三，提供专业成长的资源和支持。在教育领域，教师的专业成长是提高教学质量和促进学生发展的关键因素之一。随着教育环境的不断变化和新技术的迅速发展，教师需要不断学习和适应，以保持其教学方法的有效性和现代性。因此，社区和教育机构应积极提供专业成长的资源和支持，以帮助教师实现持续的自我提升和发展。社区可以通过整合最新的教育研究成果，为教师提供宝贵的学术资源。这包括访问最新的教育理论、教学策略、学习心理学研究等，帮助教师深化对教育的理解和实践的反思。社区可以建立一个资源中心或在线平台，定期更新相关研究成果和文章，鼓励教师参与讨论和交流，从而促进知识的共享和教育理念的更新。提供高质量的在线课程和培训工作坊是支持教师专业发展的有效途径。

社区可以与教育机构、大学以及在线教育平台合作，推荐和组织各种形式的培训课程。这些课程不仅应涵盖教学方法、课程设计、学生评估等传统主题，还应包括如何有效利用数字工具、实现在线和混合式教学、应对多元文化教室的挑战等现代教育议题。此外，定期举办的研讨会和专家讲座也能为教师提供学习新知识和技能的机会。除了集体学习活动，一对一的辅导和支持对于教师的个性化发展同样重要。社区可以建立一个教师发展导师制度，让经验丰富的教师或教育专家担任导师，为新教师或需要帮助的教师提供指导和建议。这种个性化的辅导可以针对教师的具体需求，如课堂管理、教学设计、学生互动等方面提供支持，帮助他们克服教学中遇到的困难，实现职业成长。

进一步地，社区应鼓励和支持教师制订和实施个人发展计划。这意味着帮助教师设定职业目标、识别学习需求、选择合适的学习资源和活动，以及评估学习成果。社区可以提供模板和工具，帮助教师规划自己的专业发展路径，同时定期组织评估和反馈会议，帮助教师调整和优化他们的发展计划。此外，建立一个支持性和合作的教师社区对于促进教师的专业成长同样至关重要。社区可以通过组织团队建设活动、教师交流会、合作教学项目等，增强教师之间的联系和协作。在这样的社区中，教师可以共享资源、经验和策略，相互支持和鼓励，共同面对教学挑战，提高教育质量。

第四，建立反馈和评价机制。建立反馈和评价机制对任何社区活动的成功都很重要，尤其是当这些活动旨在促进教师的专业成长和教学实践的提升时。良好的反馈和评价机制不仅能够确保社区活动的有效性，还能促进教师成长的可持续性，从而为学生创造更加丰富和高质量的学习经验。以下是一些关于如何建立这样一个机制的思考和建议。

确立评价的目标和标准至关重要。这些目标和标准应当明确、可度量，并与社区的整体愿景和目标相一致。例如，如果社区的目标之一是提高教师使用技术工具的能力，那么评价标准应当围绕教师在这一领域的成长进行设计。明确的目标和标准不仅有助于指导评价过程，也使教师明白他们应当达到什么样的标准，以及如何才能达到这些标准。评价过程应当是多维度的，涵盖教师教学实践的各个方面。这可以通过自我评价、同行评价、学生评价以及专业发展指导人的评价等多种方式实现。每种评价方式都有其独特的价值和限制。例如：自我评价鼓励教师进行自我反思，增强他们的自我监督能力；同行评价提供了来自具有相似经验和背景的同事的视角；学生评价反映了教学实践对学生学习的影响；专业发展指导人的评价则提供了专业和客观的反馈。通过综合这些不同的评价方式，可以获得更全面和深入的理解。反馈的提供方式也极为重要。有效的反馈应当是具体的、及时的，并以建设性的方式提出。它应当关注教师的具体行为和教学实践，而不是教师的个人特质。此外，反馈应当提供具体的改进建议，帮助教师理解如何改进他们的教学实践。为了确保反馈的及时性，社区应当建立定期的评价和反馈机制，如每学期或每学年进行一次全面评价，并在必要时提供即时反馈。

为了进一步增强反馈和评价机制的有效性，社区还应当鼓励开放和诚实的沟通文化。这意味着教师应当被鼓励分享他们的挑战和成功经验，同时也应当愿意接受和反思来自他人的反馈。社区领导者和管理者应当通过自身的行为来树立这种文化，例如通过参与评价过程、公开讨论自己的学习和成长，以及积极响应反馈评价和反馈机制的建立应当是一个持续的过程，而不是一次性的活动。社区应当定期回顾和调整其评价标准和过程，确保它们仍然与社区的目标和需要保持一致。此外，应当根据教师和学生的反馈以及社区活动的成效来不断优化这一机制。通过这种方式，社区可以不断进步，更好地服务于教师的专业发展，最终提高教学质量，惠及学生。

第五，营造开放和包容的社区文化。在现代教育环境中，专业发展社区（PD社区）作为教师个人成长和职业发展的重要平台，其重要性日益凸显。在这样的社区中，教师可以交流教学经验、分享最新的教育研究成果，以及探讨教育行业的发展趋势。然而，社区的成功不仅仅取决于其提供的资源或活动的多样性，更在于其能否营造一种开放、包容且鼓励创新的文化环境。这种文化环境能够促进成员之间的相互尊重、信任和支持，从而激发社区内部的活力和创造力，推动每位成员的专业成长。开放和包容的社区文化首先要求社区成员之间建立起深厚的相互尊重。这种尊重意味着每位成员的观点和经验都值得被聆听和考虑，无论其教育背景、教学年限或是职位高低。在这样的环境中，教师们愿意分享自己的成功经验，同时也不会因为担心被评判而隐瞒自己在教学或者职业发展中遇到的挑战。正是这种开诚布公的交流氛围，让教师们能够从同行的反馈中学习到宝贵的经验，找到解决问题的新方法。除了相互尊重，信任也是开放和包容文化中不可或缺的元素。在专业发展社区内，成员之间建立信任意味着每个人都相信他人会以建设性的态度参与讨论，共同寻找解决方案，而不是仅仅为了批评或否定。信任的建立让社区成员敢于展示自己的脆弱性，比如分享自己对某个教学方法的不确定性，或是对新技术应用的困惑。通过这种方式，社区不仅是一个信息交流的平台，更是一个教师能够感受到支持和鼓励的温暖家园。在开放和包容的文化氛围中，支持不仅体现为情感上的关怀，更包括专业领域的相互帮助。社区内部应该鼓励成员在遇到挑战时寻求帮助，同时也愿意在他人需要时伸出援手。这种双向的支持机制能够促进知识和经验的共享，加速教育创新的发展。例如，经验丰富的教师可以通过工作坊或研讨会的形式，传授给年轻教师宝贵的教学技巧，而新晋教师则可以带来新鲜的视角和创新的教学方法，为社区增添活力。鼓励创新是开放和包容文化中的又一重要方面。在这样的文化氛围下，教师们被鼓励尝试新的教学方法、探索未知的教育领域，并将这些新知识带回社区分享。社区应当为教师提供一个安全的试验场，使他们能够在不害怕失败的环境中创新。因为正是这些看似微不足道的尝试和错误，最终汇聚成推动教育进步的强大力量。

通过上述策略的实施，专业发展社区或网络不仅能够为成人学前教育专业教师提供一个持续学习和成长的平台，还能够促进教育实践的创新和改进，最终提升成人学前教育的教学质量和效果。在这个过程中，教师不仅成为知识的传递者，更成为学习者、探索者和创新者，共同推动成人学前教育领域的发展和进步。

第三节　师资队伍建设的实践探索与经验分享

一、实施定制化培训

在当今社会，随着终身学习观念的普及和成人教育需求的日益增长，成人学前教育专业师资队伍的建设显得尤为重要。教育质量直接关系到成人学前教育的效果与影响力，而教师作为教育的直接执行者，其专业素质和教学能力成为关键因素。因此，实施定制化培训，根据教师的背景和需求设计培训计划，不仅是提高教育质量的有效途径，也是师资队伍建设中的重要实践探索。

实施定制化培训首先需要对教师的背景和需求进行全面的评估。这一评估不仅应包括教师的教育背景、教学经验和专业知识水平，还应涵盖教师的教学理念、教学风格以及对于教育技术的掌握程度。通过这一评估，可以揭示教师在教学实践中的优势与不足，从而为定制化培训提供依据。例如，对于经验丰富但缺乏现代教育技术应用能力的教师，培训计划可以重点安排教育技术的学习和应用，而对于年轻教师，可能需要更多地关注教学理论与实践的结合，提高其课堂管理和互动技巧。

定制化培训的内容设计也是提升培训效果的关键。培训内容不应仅限于传统的教学法则和理论知识，还应包括课堂管理、学生心理辅导、教育评价方法、教育技术应用等多方面内容。此外，培训过程中应充分利用案例分析、角色扮演、模拟教学等互动式教学方法，以增强培训的实践性和参与性。这样的培训不仅能够提升教师的专业知识和技能，还能够激发教师的创新意识和教学热情，促进教师个性化发展。

实施定制化培训的另一个重要方面是建立持续性的支持与反馈机制。培训不应是一次性事件，而是一个持续的过程。培训结束后，成人高校应建立定期的跟踪反馈系统，评估培训效果，并根据教师在实际教学中的表现和反馈调整后续培训的内容和方法。此外，可以通过建立教师社区、组织定期的经验交流会和研讨会等方式，为教师提供持续的学习和发展机会，形成良好的专业成长环境。

通过上述实践探索与经验分享，可以看到实施定制化培训对于成人学前教育专业师资队伍建设的重要性。这种培训方式能够针对教师的具体需求，设计更为有效和个性化的培训计划，从而提高培训的针对性和有效性。同时，通过建立持续的支持与反馈机制，可以保证培训效果的持续性和教师专业成长的动态性。总之，定制化培训不仅是提高成人学前教育教学质量的有效手段，也是师资队伍建设中不可或缺的重要环节，对于促进成人学前教育的发展具有重要的意义。

二、促进校企合作

在当今快速发展的成人学前教育专业领域，如何培养具有高素质、强实践能力的教师队伍成了重要议题之一。随着社会对学前教育重要性认识的加深，对教师的要求也日益提高。在这样的背景下，校企合作模式成为连接教育与产业，提升教师实践能力和前瞻性的有效途径。

校企合作，即学校与企业之间建立的一种合作关系，通过这种模式，可以将企业的资源和实践机会引入教师的培训和研究中。这不仅为教师提供了一个了解最新行业动态、实践最新教育理念的平台，也为学校教育的改革和创新提供了强有力的支撑。

校企合作能够为教师提供接触行业前沿的机会。在这种合作模式下，教师可以直接进入企业，参与到实际的工作中，不仅可以提升他们的实践能力，还可以让他们对行业有更深入的了解。通过这样的实践，教师能够将理论与实践相结合，不仅能够提升自己的教学水平，还能够将最新的行业知识和技能带给学生，提高教育的针对性和有效性。

校企合作可以为教师的研究提供丰富的资源。企业作为社会经济活动的直接参与者，其运营过程中积累的数据和经验对教育研究具有重要的参考价值。教师可以通过合作，获取宝贵的第一手资料，为自己的教育理论和方法研究提供实证支撑。同时，企业也可以从中受益，教师的研究成果可以帮助企业解决实际问题，促进企业的持续发展。

校企合作还有利于提高教师的创新能力。在与企业的合作中，教师需要不断适应新的工作环境，解决实际工作中的问题。这个过程可以激发教师的创新思维，促使他们在教学和研究中寻求新的方法和路径。同时，企业界的新观念、新技术的输入也可以为教育带来新的灵感和活力，推动教育模式的创新和变革。

校企合作的实施并非没有挑战。如何建立有效的合作机制、如何平衡学校教育与企业需求之间的差异、如何确保教师合作的持续性和深入性等，都是需要认真考虑的问题。对此，学校和企业需要共同努力，通过建立长期稳定的合作关系，确保合作的效果能够最大化。同时，也需要政府的支持和引导，通过政策制定和资源整合，为校企合作提供良好的外部环境。

总的来说，校企合作模式为成人学前教育专业师资队伍的建设提供了一个新的视角和方法。这种合作，不仅可以提升教师的实践能力和前瞻性，还可以推动教育的创新和改革，更好地服务于社会和经济的发展。但这需要教育者、企业家以及相关政策制定者共同努力，探索更有效的合作模式和机制，确保校企合作能够实现双赢，促进成人学前教育领域的持续健康发展。

三、加强跨学科教学研究

在当前的教育环境中，成人学前教育专业的教师面临着诸多挑战，其中之一就是如何在不断变化的社会和技术环境中保持教学的有效性和前瞻性。这就要求教师不仅要掌握自己专业领域的知识和技能，还要跨学科工作，将不同领域的知识和技术融合到自己的教学实践中。因此，开展跨学科教学研究，不仅能够丰富教学内容，提升教学质量，还能够促进教师的专业发展，为成人学前教育专业的师资队伍建设提供支持。

跨学科教学研究的核心在于鼓励教师跨出自己的专业领域，与其他学科的教师合作，共同探索新的教学方法和教育技术。这种合作不仅限于学前教育领域内的不同专业之间，也包括与心理学、社会学、数字技术等其他领域的合作。通过这种跨学科的合作，教师可以相互学习，借鉴其他学科的理论和实践，将其应用到自己的教学中，从而实现教学方法和教育技术的创新。

跨学科教学研究的实施，首先需要建立一个开放的学术交流平台，鼓励教师之间的交流和合作。这可以通过定期组织学术研讨会、工作坊、联合课题研究等形式来实现。在这些活动中，教师可以分享自己的教学经验和研究成果，探讨教学中遇到的问题和挑战，寻找合作伙伴，共同开展跨学科研究项目。

为了促进跨学科教学研究的开展，学校和教育机构应该提供必要的支持和资源。这包括为教师提供研究经费、研究设施和技术支持，以及专业发展培训等。通过这些支持，教师可以有更多的机会参与到跨学科研究中，提高自己的研究能力和教学水平。

在跨学科教学研究的过程中，教师可以采用多种研究方法，如案例研究、行动研究、比较研究等，来探索不同教学方法和技术的有效性。通过实证研究，教师可以更加深入地了解如何将跨学科的知识和技术有效地融合到教学中，如何设计和实施跨学科的教学活动，并验证这些活动对学生学习成效的影响。

跨学科教学研究不仅能够提升教学质量，还能够促进教师的专业成长。在跨学科的合作和研究过程中，教师可以不断地拓宽自己的知识视野，提高自己的研究和教学能力，同时也有助于培养教师的创新意识和团队合作能力。

随着教育领域的不断进步和发展，跨学科教学研究将成为师资队伍建设中越来越重要的一个方向。

四、用好师徒制度

在当今社会，随着教育行业的不断发展和对高质量教育需求的日益增长，成人学前教育领域也迎来了新的挑战和机遇。面对这样的背景，成人学前教育专业的师资队伍建设显得尤为重要。在众多的师资队伍建设策略中，建立师徒制度被认为是一种有效的方式，旨在通过经验丰富的教师指导新教师，进行一对一的教学和研究指导，从而加速新教师的成长，提高整体教育质量。

师徒制度源于古代的工匠传统，是一种古老而有效的学徒学习模式。在这种模式下，新教师（学徒）将直接从经验丰富的教师（师父）那里学习教育的艺术和技巧。这种传授不仅包括教育知识和技能的直接传递，更重要的是，它涉及对教育情怀、职业道德和责任感的培养。通过这样的方式，新教师能够更快地融入教育行业，更好地理解和掌握成人学前教育的特点和要求。

师徒制度能够为新教师提供一个实践的平台，使他们能够在实际教学中快速学习和应用理论知识。在这个过程中，新教师不仅能够观察和模仿师父的教学方法和技巧，还能在师父的直接指导下，尝试自己独立处理教学中遇到的各种问题。这种直接的经验积累对于新教师掌握教育技能和提高教学效果至关重要。

师徒制度通过一对一的交流和指导，能够建立起一种密切的师徒关系。这种关系不仅有利于新教师在专业知识和技能上的快速成长，更重要的是，它能够帮助新教师在职业道德、教育情怀等方面得到提升。经验丰富的教师通常会将自己多年的教育经验、对教育的理解和执着，以及面对挑战的态度和方法，无私地传授给新教师。这种深层次的影响对于新教师形成正确的教育观念和职业定位有着不可估量的价值。

师徒制度还能为新教师提供一个持续的学习和发展环境。在师徒关系中，新教师不仅能在入职初期获得支持，而且在其职业生涯的不同阶段，都能从师父那里获得指导和帮助。这种持续的支持和指导对于新教师不断提升自己的教育理念、教学方法和研究能力至关重要。

实施师徒制度也面临着一些挑战。例如，如何确保师父有足够的能力和意愿去指导新教师，如何匹配合适的师徒对子，以及如何评估师徒制度的效果等。对此，教育管理者需要精心设计和实施师徒制度，确保其能够有效运作。这包括为师父提供必要的培训和支持，建立合理的师徒匹配机制，以及制定明确的评估标准和反馈系统。

总之，师徒制度作为成人学前教育专业师资队伍建设的一种重要策略，尽管实施过程中存在一定的挑战，但通过精心的设计和管理，师徒制度无疑能够为成人学前教育领域培养出更多高质量的教师，进而提高该专业的整体教育质量。

五、利用技术促进专业发展

技术的进步为教育领域带来了革命性的变化，成人学前教育专业这个注重实践、创新和终身学习的领域，更是需要充分利用教育技术来促进其专业发展。通过在线学习平台、虚拟现实技术等现代教育技术手段，可以极大地扩展教师的学习方式和资源，支持他们的专业成长和创新实践。

在线学习平台，作为一种灵活的学习方式，为成人学前教育专业的教师提供了难以置信的便利性和效率。这些平台通过提供海量的教育资源、实时的交流互动和个性化的学习路径，满足了成人教育教师多样化的学习需求。例如，教师可以根据自己的时间安排自主选择学习时间，无论是早上、晚上还是周末，都能够灵活安排，这对于通常需要兼顾工作和家庭的成人学习者来说极其重要。此外，这些平台上的课程往往覆盖了从基础理论到先进实践的各个方面，教师可以根据自己的需要选择合适的课程来提升自己的专业技能和知识水平。

虚拟现实技术（VR）的应用则进一步扩展了成人学前教育专业师资队伍建设的边界。通过 VR 技术，教师可以在一个模拟的三维虚拟环境中进行教学实践和技能训练，这种沉浸式的学习体验对于提高教学效果和教师自身技能极为有利。例如，通过 VR 模拟的幼儿园课堂环境，教师可以练习如何有效地管理课堂、如何与不同性格的儿童互动等技能，而这些是传统的面对面教学难以提供的。此外，VR 技术还可以用来模拟各种紧急情况下的应对方法，如火灾、地震等，确保教师能够在真实情况发生时保护儿童的安全。

除了在线学习平台和虚拟现实技术外，大数据、人工智能等技术也在成人学前教育专业的师资队伍建设中发挥着重要作用。分析教师的学习数据，可以提供个性化的学习建议和反馈，帮助教师更有效地规划学习路径，提高学习效率。同时，人工智能技术还可以在教育实践中模拟儿童的行为，为教师提供实时的教学反馈，帮助他们更好地理解儿童的学习需要和行为模式。

然而，要充分利用这些教育技术，还需要解决一些挑战。首先，技术设备和网络的可获取性是一个问题，特别是在偏远地区，教师可能难以获得必要的技术支持。其次，教师的技术培训也非常重要，需要有针对性的培训计划来提高教师使用这些技术的能力。最后，还需要确保这些技术的应用能够真正符合教育的目的，而不是简单地追求技术的新颖性。

综上所述，利用在线学习平台、虚拟现实技术等教育技术，为成人学前教育专业的教师提供灵活的学习方式和丰富的学习资源，是促进其专业发展和创新实践的有效途径。通过这些技术的应用，可以极大地提升教师的专业能力和教学质量，从而为幼儿提供更优质的教育。

第六章　成人高校学前教育与数字技术的深度融合

本章深入探讨了成人高校学前教育如何与数字技术深度融合，着重分析了数字技术在成人高校学前教育中的应用现状、数字技术与教育教学过程的深度融合机制，以及在信息化背景下的创新实践。本章从宏观角度审视了数字技术对成人高校学前教育的深远影响，展现了数字技术如何成为推动教育创新、提升教学效果、满足成人学习者需求的关键力量。首先，本章通过分析数字技术在成人高校学前教育中的广泛应用，揭示了数字化工具和平台如何为成人学习者提供更加灵活、个性化的学习体验。其次，本章探讨了数字技术与教育教学过程深度融合的具体机制，包括在线教学平台的建设、虚拟仿真实验室的开发以及教学资源的数字化，这些都大大拓宽了教学方法和手段，提高了教学效率和质量。最后，本章深入剖析了信息化背景下成人高校学前教育的创新实践，包括如何利用数字技术进行教学设计和内容更新，以及如何通过数字技术实现教育管理和服务的优化。这一部分不仅展示了创新实践的多样性和有效性，也为未来成人高校学前教育的数字技术应用提供了有益的借鉴和启示。

第一节　数字技术在成人高校学前教育中的应用现状

一、数字学习资源的广泛应用

在当今的教育领域，数字技术的快速发展和广泛应用对教育从业者的认知和行为方式带来了颠覆性的革命，并深刻地改变着传统教学模式，在成人高校学前教育亦如此。随着社会对学前教育重要性认识的不断提高，成人高校学前教育开始广泛采用数字学习资源，如在线课程、电子书籍和互动软件，提供更为灵活多样的学习方式。这种变化不仅拓宽了教育资源的获取渠道，而且提高了教学效率和质量，为学前教育领域带来了革命性的变革。

数字学习资源的广泛应用，首先体现在在线课程的普及。随着互联网技术的发展，越来越多的教育机构开始通过网络平台提供学前教育课程，这些课程不仅涵盖了学前教育的基础知识，还包括了儿童心理学、儿童健康与营养、教育游戏设计等多方面内容。在线课程的灵活性在于，学习者可以根据自己的时间安排和学习进度，随时随地通过网络平台进行学习，这让很多在职的成人学习者极大地降低了学习成本，提高了学习的可行性。

除了在线课程，电子书籍也是成人高校学前教育中应用广泛的数字学习资源之一。电子书籍的便携性和易获取性，使得学习者可以轻松地访问大量的学前教育相关书籍和资料，无须携带重重的书本就可以随时查阅需要的信息。此外，电子书籍通常具有可搜索、可标注、可分享等功能，这些特点不仅方便了学习者的学习过程，也为教师提供了更多教学辅助工具，如利用电子书籍的注释功能进行课堂讨论，或者分享电子资料以便学生之间开展互动学习。

互动软件的应用，则进一步丰富了成人高校学前教育的教学方式。这类软件通常设计了丰富多彩的互动环节，如模拟游戏、在线测试、虚拟实践等，通过这些互动体验，不仅可以提高学习者的学习兴趣，而且还能加深对学前教育知识的理解和应用能力。例如，通过模拟游戏来教授儿童心理发展的知识，学习者不仅可以在游戏中感受儿童的心理特点，还能在实践中掌握相应的教育对策，这种学习方式与传统的课堂讲授相比，更具有互动性和实践性。

数字技术在成人高校学前教育中的应用，还体现在教育管理和服务的各个方面。例如，通过学习管理系统（LMS）来跟踪和管理学习者的学习进度，使用大数据分析技术来评估教学效果，或者利用人工智能技术来提供个性化的学习建议和辅导。这些技术的应用，不仅提高了教育管理的效率和精确度，也为每位学习者提供了更加个性化和高质量的教育服务。

总之，教育数字化已成为必然的趋势，也意味着新机遇。通过在线课程、电子书籍、互动软件等数字学习资源，成人高校学前教育不仅拓宽了教育资源的获取渠道，而且提高了教学效率和质量，为学前教育带来了革命性的变革。未来，随着技术的不断进步和创新，数字技术在成人高校学前教育中的应用将会更加广泛和深入，为学前教育领域带来更多可能性。

二、虚拟课堂的普及

在成人高等教育领域，虚拟课堂的普及已经改变了传统的学前教育模式，为成人学习者提供了更加灵活和便捷的学习途径。通过视频会议软件和在线学习平台，虚拟课堂实现了教学活动的数字化和网络化，使得学习不再受地理位置的限制，极大地扩展了教育的覆盖范围和影响力。

虚拟课堂的核心优势在于其独特的空间属性。通过互联网连接，教师和学生可以跨越地理限制，在虚拟空间中相聚，进行实时的互动和交流。这种方式不仅节省了成人学习者因工作、家庭等原因难以抽出时间参与现场课堂的困境，还为居住在偏远地区的学习者提供了接受高质量教育的机会。

技术的进步使得虚拟课堂的体验越来越接近甚至超越传统课堂。视频会议软件不仅能够提供高清晰度的视频和音频传输，还支持屏幕共享、白板、实时投票等功能，使教学互动性大大增强。在线学习平台则提供了丰富的教学资源，包括但不限于视频讲座、在线测验、讨论区和自学材料，使学习者可以根据自己的学习节奏和兴趣选择合适的学习内容。

虚拟课堂的普及还推动了教学方法的创新。在这种模式下，教师不再是知识的单向传递者，而是成了学习的引导者和促进者。学生则从被动接收信息的对象转变为主动探索知识的主体。这种转变鼓励了学习者的自主学习和批判性思维能力的培养，更符合成人教育的特点和需求。

然而，虚拟课堂的实施也面临着一系列挑战。首先，是技术设备和网络环境的限制。不是所有的学习者都拥有访问高速互联网和高性能计算设备的条件，这在一定程度上限制了虚拟课堂的普及。其次，是学习者的自律性问题。与传统课堂相比，虚拟课堂对学习者的自我管理能力提出了更高的要求，一些学习者可能会因缺乏面对面的监督而感到放松，从而影响学习效果。最后，虚拟交流的非面对面特性可能会影响教师和学生之间的情感连接和沟通效率。

尽管存在挑战，但数字技术在成人高校学前教育中的应用前景依然光明。随着技术的不断进步和教育理念的不断创新，未来的虚拟课堂将更加智能化和人性化，为学习者提供更加个性化和高效的学习体验。

三、移动学习的兴起

在当今这个数字技术迅速发展的时代，移动学习（Mobile Learning，简称M-learning）已经成为成人高校学前教育领域不可忽视的一个重要部分。随着智能手机和平板电脑的普及，移动学习应用程序的出现，为学习者提供了前所未有的学习便利性和灵活性，极大地推动了教育方式的创新和变革。

移动学习的最大特点就是“移动性”，这意味着学习活动不再受时间和地点的限制。在移动学习的环境下，学习者可以利用碎片化的时间，如在公交车上、等待朋友时，或是晚上睡前，随时随地通过手机或平板电脑接触学习内容，进行知识的吸收和技能的培养。这种方式极大地提升了学习的灵活性，使得学习更加个性化、自主化。

成人学习者通常需要兼顾工作和家庭责任，传统的面授教育模式往往难以满足他们的学习需求。移动学习正好弥补了这一不足，它允许学习者根据自己的时间安排和学习节奏来安排学习，有效解决了时间和空间的限制问题。此外，通过移动学习平台，学习者可以随时查看课程内容，复习旧知识，预习新知识，使学习过程更加连贯和高效。

移动学习的发展也得益于互联网技术和移动通信技术的进步。现代移动学习应用程序不仅提供丰富多样的学习资源，如视频讲座、互动教材、电子书籍等，还提供了许多互动功能，如在线讨论、即时反馈、学习进度跟踪等，极大地增强了学习的互动性和趣味性。这种互动性不仅能够提高学习者的学习兴趣，还能促进知识的深入理解和长期记忆。

在成人高校学前教育中，移动学习的应用还体现在对教学内容和方法的创新上。许多教育机构和教师开始探索利用移动学习应用程序来支持教学，如通过创建微课程、开展虚拟实践活动等方式，使教学内容更加生动、实用。同时，移动学习也为教师提供了更多与学习者互动的机会，帮助教师更好地理解学习者的学习需求，实现个性化教学。

然而，移动学习的实施也面临一些挑战。首先，技术设备的普及和网络环境的质量直接影响到移动学习的效果。在一些地区，学习者可能无法获得足够快速和稳定的网络连接，或无法负担智能设备的费用，这些因素都可能限制移动学习的推广。其次，移动学习要求学习者具有较强的自我管理能力和学习动机，否则学习者可能难以从移动学习中获得最佳效果。最后，如何确保移动学习内容的质量和安全，也是教育机构和平台开发者需要关注的问题。

移动学习作为一种新兴的学习方式，为成人高校学前教育带来了革命性的变化。它通过提供灵活、便捷、互动性强的学习环境，不仅为学习者提供了更多的学习机会，也为教育教学的改革和创新开辟了新路径。面对移动学习的发展机遇和挑战，教育机构、教师和学习者需要共同努力，不断探索和完善移动学习的实践模式，以充分发挥其在成人教育中的潜力。

四、数据分析在教学中的应用

在当今的教育领域，数字技术的应用已经成为教学改革和发展的重要推动力。尤其是在成人高校学前教育中，数字技术的应用为解决传统教育模式下的种种局限性提供了新的思路和方法。在众多数字技术的应用中，数据分析的运用尤为突出，它通过对学习者学习数据的收集和分析，使得教师能够更精准地把握学习者的学习状态，从而实现更加个性化、精准的教学。

数据分析在教学中的应用，首先体现在对学习者学习进度的实时监控。通过数字技术的手段，教师可以实时收集学习者在学习平台上的学习行为数据，如学习时间、学习频率、学习内容的完成度等。这些数据经过分析后，可以直观地展现出学习者的学习进度，教师可以根据这些数据了解到哪些学习者正在按计划顺利学习，哪些学习者学习进度缓慢或遇到了难题。这种实时监控不仅能够帮助教师及时发现学习者的学习问题，更重要的是，它为教师提供了及时调整教学策略的依据，使得教学更加灵活、有效。

除了学习进度的监控，数据分析在揭示学习者学习难点方面也发挥着重要作用。通过对学习者在学习过程中的互动行为、测试成绩等数据的分析，可以发现学习者在哪些知识点上出现了困难，哪些知识点的掌握程度不高。这种深入的数据分析不仅能够帮助教师准确地定位学习者的难点，还能进一步分析出学习难点产生的原因，是由于知识点本身难度大，还是学习材料的讲解不够清晰，抑或是学习方法的问题。有了具体的分析结果，教师就可以有的放矢地进行教学调整，不仅可以针对难点知识加强讲解和练习，还可以根据需要调整教学材料和教学方法，从根本上提升教学效果。

在实现个性化教学方面，数据分析的作用更是不可小觑。在传统的教学模式中，由于受到课堂规模和时间的限制，教师很难对每一个学习者都进行个性化的教学。而数字技术的应用，特别是数据分析技术的进步，使得个性化教学成为可能。通过分析学习者的学习数据，教师不仅可以了解每个学习者的学习状态，还可以进一步分析出他们的学习风格和偏好。有了这些数据支持，教师就可以为每个学习者设计更加个性化的学习计划，选择更适合其学习风格的教学方法和材料，甚至可以根据他们的兴趣和需求调整教学内容，真正做到“因材施教”。

当然，要充分发挥数据分析在教学中的作用，还需要解决一系列技术和管理上的挑战。首先是数据收集的全面性和准确性问题。要实现有效的数据分析，就必须保证收集到的数据全面、准确。这不仅需要有高效可靠的数据收集工具和技术，还需要教师和学习者的积极配合，确保数据的真实性和完整性。其次是数据分析能力的提升问题。数据分析不是简单的数据收集和整理，而是需要通过专业的分析方法和工具，对数据进行深入挖掘和解读。这就要求教师不仅要掌握相关的数字技术知识，还需要具备一定的数据分析能力，才能真正从数据中发现有价值的信息，为教学决策提供支持。最后还需要合理应用数据分析的结果。数据分析的目的是更好地指导教学，提升教学质量与教学效果。因此，教师需要根据实际情况合理应用分析结果，灵活调整教学策略和内容。

五、交互式技术的应用

交互式技术，尤其是增强现实（AR）和虚拟现实（VR），已经成为学前教育领域内创新教学方法的重要工具，它们通过提供沉浸式的学习体验，极大地提高了学习者的参与度和体验感。

增强现实（AR）技术是一种将数字信息与现实世界融合的技术，通过智能设备的摄像头捕捉现实世界的画面，并在此基础上叠加虚拟信息，使用户能够看到由现实世界和虚拟数据构成的“增强”现实。在学前教育领域中，AR 技术可以用来创建富有教育意义的互动体验，例如通过 AR 应用，孩子们可以看到他们的绘本中的角色“活”了起来，或是在真实的环境中与虚拟对象进行互动，这种新奇的学习方式不仅能够吸引孩子们的注意力，还能帮助他们更好地理解抽象的概念。

虚拟现实（VR）技术则提供了一种完全沉浸式的体验，用户戴上 VR 头盔，就可以进入一个由计算机生成的虚拟世界。学前儿童可以在虚拟世界中进行各种互动学习活动，如虚拟的野生动物园游览，或是参与到一个虚拟的故事中去，亲自与故事中的角色进行交流。这样的学习体验不仅能够激发儿童的想象力和创造力，还能在无形中增强他们对知识的理解和记忆。

尽管 AR 和 VR 技术为学前教育带来了前所未有的机遇，但其应用也面临着一系列挑战。首先，技术的普及和应用需要相当的经济投入，包括硬件设备的购买、软件的开发和教学内容的设计等，这对于许多成人高校来说是一笔不小的开支。其次，教师对于这些新技术的接受程度和掌握程度也是一个重要的考量因素，需要通过专业的培训和实践，帮助教师熟悉技术的操作，并将其有效地融入教学之中。最后，对于学前儿童来说，长时间使用智能设备也可能会对其视力和注意力产生负面影响，因此，在使用这些技术时，需要精心设计学习活动，确保儿童在有趣和健康的环境中学习。

面对这些挑战，成人高校学前教育中的交互式技术应用仍然显示出巨大的潜力和价值。随着技术的不断进步和成本的逐渐降低，AR 和 VR 技术将在更广泛的范围内得到应用。同时，教育工作者和技术开发者也在不断探索更有效的教学方法和技术解决方案，以克服现有的限制，最大化这些技术的教育价值。

总之，增强现实和虚拟现实技术在成人高校学前教育中的应用，标志着教育方式向更加互动、沉浸式的转变。随着技术的不断发展和教育实践的深入，交互式技术在学前教育中的应用将继续展现出更加广阔的前景。

第二节 数字技术与教育教学过程的深度融合机制

一、个性化学习路径的设计

随着人工智能（AI）技术的不断成熟，其在教学过程中的应用已经成为推动教育个性化发展的重要力量。个性化学习路径的设计，就是基于人工智能技术，通过深度学习和大数据分析，根据学习者的个人能力和偏好，提供定制化学习内容和学习路径的过程。这不仅能够有效提升学习效率，还能极大增强学习者的学习动机和满足感，从而实现成人学前教育教学过程与数字技术的深度融合。

个性化学习路径的设计首先依赖于对学习者的全面了解。这包括但不限于学习者的基础知识水平、学习能力、学习风格及偏好等。在人工智能的帮助下，通过对学习者进行初步的评估，系统能够收集和分析学习者的学习行为和表现，进而识别其学习特点和需求。例如，对于学习能力较强、喜欢挑战性学习材料的学习者，系统可以提供更高难度的学习内容，而对于那些可能需要更多指导和支持的学习者，系统则可以提供更加详细的解释和更多的练习机会。

在充分了解学习者的基础上，个性化学习系统会运用复杂的算法来制定最适合每个学习者的学习路径。这一过程涉及大量的数据分析和预测，旨在为学习者构建一个既能够挑战其能力，又不至于让他们感到沮丧或挫败的学习环境。通过动态调整学习内容和难度，个性化学习路径能够确保学习者始终处于最佳学习状态，进入“心流”状态，从而最大化提高学习效率。

个性化学习路径的设计还特别注重学习者的兴趣和偏好。人工智能系统可以通过分析学习者在学习过程中的行为及结果，如选择的学习材料、学习时间的长短、完成练习的速度和正确率等，来判断学习者的兴趣所在，并据此调整学习内容，使其更加贴合学习者的兴趣。这种基于兴趣的个性化学习路径不仅能够提高学习者的学习动机，还能帮助他们在学习过程中获得更多的乐趣和满足感。

为了实现个性化学习路径的设计，人工智能技术与成人学前教育教学内容的深度融合不可或缺。这一过程中，教育内容的数字化和模块化成为关键步骤。通过将教育内容拆分成小的知识单元，并对每个单元进行数字化处理，人工智能系统能够根据学习者的具体需求，灵活组合和调整这些内容，从而形成定制化的学习路径。同时，这种模块化的设计也便于人工智能系统进行实时的学习反馈和评估，进一步细化和优化学习路径的设计。

个性化学习路径的设计还需要持续的反馈和优化机制。在成人学前教育的教学过程中，教师和学习者之间的互动也不可或缺。因此，人工智能系统应该支持教师对学习路径的监控和干预，使教师能够根据学习者的实际表现和反馈，调整和优化学习路径。同时，系统也应自我学习和适应，通过不断收集的数据来改进其算法，以便更精准地预测和满足学习者的需求。

综上所述，个性化学习路径的设计是数字技术与成人学前教育教学过程深度融合的重要体现。通过人工智能技术，教育者不仅能够为每个学习者提供定制化的学习内容和路径，还能够实现教学内容的实时反馈和优化，从而大大提升学习效率和质量。在这个过程中，教育者的角色也将从传统的知识传递者转变为学习引导者和支持者，与学习者一起，共同探索更加个性化、高效和有趣的学习之路。

二、协作学习平台的建立

在成人学前教育这一领域，数字技术的深度融合已成为推动教学创新、提升教学质量的关键因素。而在众多技术应用中，通过数字技术搭建的在线协作学习平台，更是成为促进学习者之间互动交流、增强学习社会化和合作性的重要途径。

在线协作学习平台的建立，首先基于这样一个认识：学习是一个社会化过程，其效果往往取决于学习者之间以及学习者与教师之间的互动质量。传统的教学模式往往强调单向传授，忽视了学习者主动探索、相互协作的重要性。而在线协作学习平台，通过提供虚拟的交流合作空间，打破了时间和空间的限制，更重要的是，促进了学习者之间的深度互动和协作，使学习过程变得更加生动、互动和个性化。

建立有效的在线协作学习平台，首先需要确保技术的先进性和可靠性。这意味着，平台的设计需要支持各种形式的交流与合作，包括文字、音频、视频交流，实时与非实时互动，个体与团队作业等。其次，为了适应不同学习者的需要，平台应提供灵活的个性化学习工具和资源，如可定制的学习路径、丰富的学习资源库等。

然而，技术的先进性和可靠性只是基础，如何有效利用这些技术工具，才是在线协作学习平台成功的关键。这就要求教师不仅要具备相应的数字技术能力，更要有创新的教学理念和方法。教师可以利用平台开展项目式学习、案例分析、角色扮演等多种教学活动，引导学习者主动参与、深入探索，并在活动过程中进行有效的协作和交流。同时，教师还需要根据学习者的反馈和学习数据，不断调整教学策略，以实现更好的教学效果。

除此之外，建立良好的学习社区文化也是在线协作学习平台成功的重要因素。这意味着，平台不仅要提供技术支持，更要营造开放、包容、互助的学习氛围。在这样的文化中，学习者更愿意分享自己的想法和资源，更乐于接受他人的意见和帮助，从而形成积极向上、共同成长的学习社区。

总之，通过数字技术搭建在线协作学习平台，为成人学前教育教学过程带来了深刻的变革。这种变革不仅带来了教学方式的创新，更促进了学习者之间的互动交流，增强了学习的社会化和合作性。

三、混合式学习模式的推广

随着技术的不断进步，传统的教学模式已逐渐不能满足现代社会的需求。因此，混合式学习模式作为一种创新的教育形式，正逐步被推广应用，以期实现教学模式的优化，提高教学效果和学习效率。混合式学习模式，即 Blended Learning，它通过结合线上学习和线下面授教学的方式，充分发挥各自的优势，为学习者提供一个更加灵活多样、高效互动的学习环境。

混合式学习模式的推广，能够有效地优化教学资源的配置。在传统的成人学前教育中，教学资源往往受到地域和时间的限制，导致教育资源分配不均。而混合式学习模式通过引入线上学习平台，能突破时间和空间的界限，使优质的教育资源得到广泛共享，从而实现教育公平。线上学习平台不仅提供了丰富的教学视频、课件、练习题等资源，还支持在线讨论、互动问答等功能，极大地丰富了学习资源和学习方式，满足了成人学习者多样化的学习需求。

混合式学习模式的推广有利于提高学习效率。在传统的面授教学中，教师往往采用“一对多”的教学方式，难以充分关注到每一位学习者的具体需求，而且学习进度受到整体班级进度的约束。混合式学习模式通过引入线上自主学习环节，让学习者可以根据自己的学习节奏和需求选择学习内容，实现个性化学习。线下面授教学环节则侧重于解决学习者在线上学习过程中遇到的问题，以及进行实践操作和技能训练，这种学习模式的灵活性和互补性大大提高了学习效率。

混合式学习模式的推广有助于提升教学质量。在这种模式下，教师可以利用线上学习平台收集学习者的学习数据，如学习进度、作业完成情况、在线测试成绩等，有助于教师及时了解学习者的学习状况，从而进行针对性的教学调整。此外，线上平台的互动讨论区也为教师提供了一个与学习者深度交流的渠道，使教学过程更加贴近学习者的实际需求，进而提高教学的针对性和有效性。

混合式学习模式的推广，还能够促进学习者之间的互动和合作。在这种模式下，学习者不仅可以通过线上平台与其他学习者进行交流和讨论，还可以在线下的面授教学中进行小组合作学习。这种线上线下结合的互动方式，不仅可以促进学习者之间的知识分享和经验交流，还能够增强学习者的社交技能和团队协作能力，为其未来的职业发展奠定良好的基础。

然而，混合式学习模式的推广也面临着一些挑战。例如，如何保证线上学习内容的质量和更新速度，如何提升学习平台的稳定性和易用性，以及如何有效地整合线上线下教学活动等，都需要教育者、技术提供者和政策制定者共同努力来解决。此外，对于一些不具备良好自学能力或者缺乏必要学习设备的学习者来说，混合式学习模式的实施也需要提供相应的支持和引导。

四、实时反馈与评估系统的应用

数字技术的应用已成为推动成人学前教育教学模式创新、提高教学质量的关键手段。其中，实时反馈与评估系统的应用，通过技术手段实现对学习过程的实时监控和反馈，为教师提供了及时调整教学策略的可能，进而优化教学过程，提升教育成效。

实时反馈与评估系统是基于数字技术构建的，旨在通过实时监控学习过程，收集学习数据，分析学习行为，从而为教师和学习者提供即时的、个性化的反馈和评估。这种系统的应用，不仅可以帮助教师掌握学习者的学习状态，发现学习中的问题，还可以促使学习者更加主动地参与到学习过程中，提高学习效率和质量。

实时反馈与评估系统能够帮助教师实现对学习过程的全面监控。通过这一系统，教师可以实时了解每位学习者在学习活动中的参与度、互动情况以及学习成果等，这些数据的实时反馈，为教师提供了全面、客观的评估基础。教师可以根据这些信息，及时调整教学内容和教学方法，针对不同学习者的具体需要实施差异化教学，从而使教学更加个性化、精准化。

实时反馈与评估系统对提高学习者的学习动机和参与度具有重要作用。系统能够根据学习者的学习进度和表现，提供及时的正面激励和具体的改进建议，这种即时的反馈不仅可以增强学习者的学习满意度，还可以激发学习者的学习兴趣，促进学习者更加积极主动地参与学习。此外，实时反馈还可以帮助学习者及时发现和纠正学习中的错误，加深对知识的理解和掌握，提高学习效果。

实时反馈与评估系统的应用还体现在促进教学决策的科学化。系统收集的大量学习数据，经过深度分析和处理，可以为教育管理者提供科学、有效的数据支持，帮助其做出更加合理的教学决策。例如，通过分析学习数据，教育管理者可以了解到哪些教学方法更受学习者欢迎、哪些教学内容需要改进等，据此调整教学资源的配置，优化教学计划，提高教学效率和质量。

实时反馈与评估系统的深度融合机制还体现在促进教与学的深度互动。通过这一系统，教师和学习者可以实现更加紧密、有效的沟通和交流。教师可以根据系统提供的反馈，及时解答学习者的疑问，针对性地提供学习指导，而学习者也可以通过系统表达自己的学习需求和反馈。这种双向互动不仅有助于提升教学和学习的效率，还能增强师生之间的情感联系，构建和谐的教学氛围。

综上所述，实时反馈与评估系统的应用在成人学前教育教学过程中具有重要意义。它不仅能够帮助教师及时调整教学策略，优化教学过程，还能提高学习者的学习动机和参与度，促进教学决策的科学化，加强教与学的深度互动。未来，随着数字技术的不断发展和教育理念的不断创新，实时反馈与评估系统将在教学过程中发挥更加重要的作用，为成人学前教育领域带来更加深远的影响。

五、教学资源共享机制的建立

在当前的教育环境中，数字技术已经成为推动教育改革和发展的关键力量。特别是在成人学前教育领域，数字技术的应用不仅改变了教育的形式和内容，还为教学资源的共享和利用提供了新的可能。

建立开放的教学资源共享平台需要以云计算技术为基础。云计算提供了强大的数据存储、处理和传输能力，使得大量教育资源可以被高效地存储、管理和共享。通过云平台，教师可以上传自己制作的教学视频、课件、教案等资源，学生和其他教育工作者则可以根据自己的需要随时访问和下载这些资源。这种模式大大提高了教学资源的利用率，也为个性化学习和远程教育提供了条件。

建立教学资源共享机制还需要解决资源的标准化和质量控制问题。由于教学资源的生产者背景各异，其内容的质量和格式可能会有很大差异。为了确保平台上资源的质量，必须制定一套严格的资源审核和评估机制。这不仅包括对上传资源的初步审核，还包括建立用户反馈和评价系统，让使用者参与到资源质量控制的过程中来。此外，还需要制定统一的资源描述标准，确保资源可检索、可访问。

为了促进教学资源的广泛传播和利用，还需要建立有效的激励机制。一方面，可以为优秀资源的作者提供奖励，激励更多的教育工作者参与到资源的创建和分享中来。另一方面，也可以对活跃的资源使用者给予奖励，鼓励用户积极反馈和推荐优质资源。通过这样的激励机制，可以形成良性循环，不断提升平台上资源的数量和质量。

为了进一步提高教学资源共享平台的效能，还需要充分利用现代数字技术，如人工智能、大数据分析等。可以利用人工智能技术为用户提供个性化的资源推荐，帮助用户更快地找到符合自己需求的资源。大数据分析技术则可以用来分析用户的使用行为和偏好，不断优化资源的组织和展示方式，改善用户体验。

建立开放的教学资源共享平台还需要注重法律法规和知识产权保护。在资源共享的过程中，必须尊重原作者的知识产权，避免侵权行为的发生。同时，还需要建立一套有效的知识产权保护机制，确保资源的作者可以获得合理的利益保障。

只有这样，才能真正激发教育工作者参与资源共享的热情，推动教学资源共享平台的健康发展。

总之，借助云计算等技术建立开放的教学资源共享平台，是深化数字技术与成人学前教育教学过程融合的重要途径。这不仅能够促进优质教学资源的广泛传播和利用，还能推动教育模式的创新和发展。当然，这一过程也面临着资源质量控制、激励机制构建、技术应用、法律法规等多方面的挑战。只有通过持续的探索和实践，不断完善平台的功能和管理机制，才能最大化地发挥教学资源共享平台的作用，为成人学前教育的发展贡献力量。

第三节　信息化背景下的成人高校学前教育的创新实践

一、翻转课堂的实施

在信息化背景下，成人高校学前教育面临着诸多挑战和机遇。翻转课堂作为一种新型的教学模式，正日益受到教育工作者的重视和应用。翻转课堂的核心在于通过在线预习和线下讨论的方式，改变传统的“教师讲授—学生听讲”课堂教学模式，旨在促进学习者的主动学习，提高课堂效率，尤其在成人高校学前教育领域，这种模式的实施显示出了独特的优势和潜力。

翻转课堂模式的实施，极大地促进了成人学前教育学习者的主动学习。传统的教学模式往往让学生在课堂上处于被动接收信息的状态，而翻转课堂要求学生在课前通过网络平台进行预习，不仅增加了学生接触和思考新知识的时间，也使他们能根据自己的学习节奏和兴趣点进行学习，从而激发了他们学习的主动性和积极性。在这一过程中，学生通过观看视频讲座、阅读相关材料或进行其他形式的在线学习，对即将讨论的主题有了初步的理解和自己的思考，这不仅提高了学生对知识的吸收能力，也为线下讨论打下了坚实的基础。

翻转课堂模式在成人高校学前教育中的实施，有效提升了课堂效率。在传统的课堂模式中，教师往往需要用大量的时间去讲授基础知识，而这一切在翻转课堂中都可以通过学生的课前自学来完成。这样一来，宝贵的课堂时间就可以更多地用于深入讨论、案例分析、解决问题等高阶思维活动。教师可以根据学生的预习情况和学习需求，灵活调整课堂教学策略，更加注重引导学生思考、交流和合作，从而有效提高了课堂教学的质量和效率。

翻转课堂模式的实施，为成人学前教育学习者提供了更为个性化的学习体验。成人学习者由于工作、家庭等原因，精力和学习时间有限，且学习需求和基础知识水平各不相同。翻转课堂通过提供在线学习资源，使学生可以根据自己的实际情况安排学习，既可以反复观看难以理解的内容，也可以跳过已经掌握的部分，真正做到按需学习。同时，教师可以跟踪学生的在线学习情况，了解他们的学习进度和存在的问题，从而在课堂上进行有针对性的辅导和讨论，实现教学的个性化。

翻转课堂模式还促进了成人高校学前教育中教师角色的转变。在这一模式下，教师不再是知识的单向传递者，而是成为学习的设计者、引导者和协助者。教师需要根据课程目标精心设计在线学习材料和课堂活动，引导学生在课前、课中和课后进行有效的学习。同时，教师还需要根据学生的反馈和学习情况，不断调整教学策略，帮助学生解决学习过程中遇到的问题，促进其持续成长。

总之，翻转课堂作为一种创新的教学模式，在信息化背景下的成人高校学前教育中展现出了巨大的潜力和价值。然而，要有效实施翻转课堂，还需要教育工作者不断探索和实践，解决好课程设计、技术支持、学生指导等方面的挑战，以充分发挥这一模式在成人高校学前教育中的优势。

二、微课程的开发与应用

在信息化背景下，成人高校学前教育领域正面临前所未有的变革，教育形式也有了很大程度的创新。随着移动互联网和数字技术的快速发展，微课程作为一种新型的教学模式应运而生，它以短小精悍、便于碎片化学习的特点，满足了现代学习者快节奏的学习需求，对成人高校学前教育的创新实践产生了深远的影响。

微课程，顾名思义，是指内容较短、形式灵活、能够自主学习的课程。它通常以视频为主要载体，辅以文字、图片、音频等多媒体形式，集中讲述一个具体的知识点或技能。这种短小精悍的学习单元，使得学习者能够在碎片化的时间里完成学习任务，既适应了成人学习者工作繁忙的现实，又满足了他们对知识学习的渴望。

在信息化背景下的成人高校学前教育中，微课程的开发与应用具有以下几个特点。

微课程的内容设计更注重实用性和针对性。由于时间非常有限，在设计时必须围绕最核心的知识点展开，每个课程都要力求内容精练、重点突出。这就要求开发者在制作微课程时，对学前教育的知识体系有深入的理解，能够抓住学习者最需要的、最实用的知识点进行讲解。

微课程的形式多样，能够提供丰富的学习体验。除了传统的视频讲解外，微课程还可以结合动画、漫画、模拟情境等多种形式，使得学习内容更加生动有趣，增强学习者的学习兴趣和学习效果。此外，互动元素的加入，如在线测试、即时反馈等，也使得学习过程更加互动、更具参与感。

微课程的学习方式灵活多变，更加符合成人学习者的学习习惯。成人学习者由于工作和家庭的双重压力，往往难以在固定时间进行学习。成人学习者根据自己的时间安排，利用通勤途中、等待会议开始的间隙等碎片化的时间随时随地通过手机、平板电脑等移动设备学习微课程，有效提升了学习的灵活性和便捷性。

微课程的开发与应用对教师的要求也更高。教师不仅需要具备扎实的学科知识，还需要掌握视频制作、编辑、上传等技能，甚至需要学习如何进行在线互动、如何管理线上学习社区等。这对教师的专业发展提出了新的挑战，同时也为教师的职业生涯开拓了新的发展空间。

未来，随着技术的进一步发展和教育观念的不断更新，微课程将在成人高校学前教育中扮演越来越重要的角色，为教育创新提供持续的动力。

三、模拟教学场景的创建

在信息化时代背景下，成人高校的学前教育专业面临着教学模式和教学内容的双重变革。传统的教学方法已经难以满足现代学前教育的需求，这促使教育者寻找更为高效和创新的教学途径。虚拟现实（VR）技术的引入，正是这种探索的一部分，它为模拟教学场景的创建提供了前所未有的可能性，从而为学前教育学习者提供了沉浸式学习体验，增强了他们的实践技能。

在利用VR技术创建模拟教学场景中，教育者首先需要对学前教育的教学目标和内容进行深入分析，明确哪些知识点和技能是可以通过VR技术进行教学的。这一过程不仅要求教育者对学前教育专业有深刻的理解，还要求他们对VR技术的特点和应用有一定的掌握。在此基础上，教育者可以设计出符合学前教育特点的虚拟教学场景，如虚拟的幼儿园环境、虚拟的互动游戏等，这些场景能够模拟现实中的教育情境，让学习者在虚拟世界中体验到类似真实的教育活动。

创建模拟教学场景的过程中，VR技术的应用为教育者提供了广阔的创意空间。例如，可以通过VR技术构建一个虚拟的幼儿园环境，学习者通过头戴式显示器进入这个环境，就像置身于真实的幼儿园中。在这个虚拟环境中，学习者可以与虚拟孩子、虚拟家长等虚拟角色进行互动，学习和练习与儿童沟通、游戏引导、情绪管理等技能。此外，虚拟环境中的各种场景和活动都可以根据教学需要进行定制和调整，这为教育者提供了灵活性和创新性的教学手段。

沉浸式的学习体验是VR技术应用于学前教育的一大优势。通过VR技术，学习者可以完全沉浸在一个虚拟的教育环境中，这种沉浸感使得学习者的注意力更加集中，学习动机也得到了极大的激发。同时，这种沉浸式的体验也能够让学习者在情感上与学习内容建立更加深厚的联系，从而提高学习效果。例如，通过模拟不同的教育情境，学习者可以体验到与儿童互动的喜悦、面对儿童行为问题时的挑战等，这些体验能够让学习者在情感上更加理解和同情儿童，进而在实际教育活动中表现得更加自然和有效。

利用VR技术创建的模拟教学场景，还能够给学习者提供大量的实践机会。在传统的教育模式中，学习者获取实践经验的机会往往受到时间、空间和资源的限制。而在虚拟环境中，学习者可以不受这些限制，随时进入虚拟场景进行实践操作。这种无限的实践机会不仅可以让学习者充分练习教育技能，还可以让他们在虚拟环境中尝试不同的教学策略，从而发现最适合自己的教学方式。

尽管利用VR技术创建模拟教学场景为学前教育带来了许多优势，但也面临着一些挑战和限制。技术和成本问题是其中的两大障碍。高质量的VR设备和软件往往需要较高的成本，这对于一些成人高校来说是一笔不小的投资。此外，教育者和学习者对VR技术的熟悉和掌握也是一个挑战，这需要成人高校在技术培训和教育资源开发上做出更多的努力。

随着技术的进步和成本的降低，VR技术在学前教育领域的应用前景十分广阔。

四、在线评价与反馈机制的完善

随着技术的进步和网络的普及，传统的教学模式正在被重新定义，尤其是在线教育的兴起为成人学前教育开辟了新的路径。在这一转型过程中，如何有效地评价和反馈学生的学习成果成了一个重要议题。在线评价与反馈机制的完善，旨在通过构建一个系统性的评估框架，不仅能提升教育质量，还能增强学习体验。

在线评价系统的建立，首先需要依托强大的技术平台，集成多样化的评价工具和方法。这不仅包括传统的问答、测试、作业等形式，也涵盖了互动讨论、项目任务、同伴评价等多元化方式。这样的设计可以全面覆盖学生的学习过程，不仅限于知识的掌握，更重要的是能力的培养和价值观的塑造。例如，通过项目任务的完成，学生可以在实践中学习和运用知识，而同伴评价则能够培养学生的团队合作能力和批判性思维能力。

实时性是在线评价的一个关键特点。与传统评价相比，线上系统可以实时收集学生的学习数据，包括学习进度、作业提交情况、测试成绩等，这些数据的实时反馈对于教师和学生都至关重要。教师可以根据这些数据及时调整教学策略，针对性地进行辅导；学生也可以通过这些反馈及时了解自己的学习状况，调整学习方法和节奏。此外，实时性还体现在教师对学生作业和测试的批改上，通过系统自动化的批改功能，不仅大大减少了教师的工作量，也加快了反馈的速度，让学生能更快地获得学习成果的评价。

个性化是在线评价的另一个重要特点。在传统教育中，由于资源的限制，往往采用“一刀切”的评价标准，难以满足每个学生的个性化需求。在线评价系统可以根据学生的学习历史、能力水平和个人偏好，提供个性化的评价和反馈。例如，对于学习成绩较好的学生，系统可以推荐更高难度的拓展材料，而对于学习有困难的学生，则可以提供更多的辅导资源和练习题。这种个性化的策略，不仅能够提高学生的学习效率，还能够激发学生的学习兴趣和自主学习的动力。

在线评价的另一个优势是开放性。在传统的教学模式中，评价往往是封闭的，学生很难了解其他同学的学习情况和成果。而在线评价系统可以设置为部分开放，让学生可以看到同伴的作业和讨论，甚至参与评价。这种开放性不仅可以增加学习的透明度，还能促进学生之间的交流和学习，形成良好的学习社群。

在线评价系统还需要不断地迭代和优化。这包括根据学生和教师的反馈调整评价工具和方法，也包括利用最新的技术进步（如人工智能）来提升系统的智能化水平。例如，通过人工智能技术，可以实现更加精准和细致的学习数据分析，从而提供更加个性化和高效的学习评价和反馈。

总之，信息化背景下的成人高校学前教育创新实践中，在线评价与反馈机制的完善是提高教育质量和学习效率的关键。通过构建一个集多样化评价工具、实时反馈、个性化和开放性于一体的在线评价系统，不仅能够全面评估学生的学习成果，还能够激发学生的学习兴趣，促进教学的不断改进和创新。随着技术的进步和教育理念的更新，这一系统的建设和完善将是一个持续的过程，需要教育者、技术人员和学生共同努力，不断探索和实践。

五、数字化学习档案的构建

随着数字技术的飞速发展，传统的教育模式已经逐渐无法满足现代社会的需求。特别是在成人教育领域，学习者多为在职人员，他们需要一种更为灵活、高效的学习方式。因此，数字化学习档案的构建成为支持学习者终身学习和个人发展的重要途径。

数字化学习档案，顾名思义，是指利用数字技术手段记录学习者在学习过程中的各种学习活动和学习成果的电子档案。它不仅包括学习者的基本信息、学习经历、学习成绩等基础数据，还涵盖了学习者的学习过程记录、学习反思、项目作业、研究成果等多元化的学习产出。与传统的纸质档案相比，数字化学习档案具有存储量大、易于更新维护、可快速检索等优点，极大地方便了学习者和教育管理者的使用。

构建数字化学习档案首先需要建立一个全面、系统的档案管理平台。这个平台不仅要能够存储大量的数据，还要有良好的用户交互界面，使学习者能够方便地上传和查看自己的学习资料。此外，平台还应支持多种数据格式，包括文本、图片、音视频等，以适应不同学习活动的记录需要。对于成人高校来说，这个平台还需要具备良好的安全性和隐私保护功能，确保学习者个人信息和学习数据的安全。

在档案内容的构建上，应注重学习过程的记录和反思。与传统教育相比，成人教育更加强调学习过程的重要性。因此，数字化学习档案不仅要记录学习者的学习成果，更要详细记录他们的学习过程，包括学习计划、学习方法的选择与应用、学习中遇到的问题和解决办法等。此外，学习反思也十分重要，它可以帮助学习者总结学习经验，提升学习效率。

数字化学习档案的构建还需要教育机构的大力支持。首先，教育机构应提供必要的技术支持，包括平台的搭建和维护、数据的安全保护等。其次，教育机构应对教师和学习者进行相应的培训，使他们能够熟练地使用数字化学习档案系统。最后，教育机构还可以通过举办学习成果展示、研究成果竞赛等活动，鼓励学习者积极建设自己的学习档案。

数字化学习档案的构建对于促进学习者的个人发展具有重要意义。首先，它可以帮助学习者更好地规划自己的学习路径，明确学习目标。通过查看自己的学习档案，学习者可以了解到自己在学习过程中的进步和不足，从而做出相应的调整。其次，数字化学习档案有助于提升学习者的学习动机和自信心。当学习者看到自己一步步积累的学习成果时，会更有成就感和动力继续学习。最后，数字化学习档案可以作为学习者个人能力的直观展示，为他们未来的职业发展提供有力的支持。

总之，在信息化背景下，数字化学习档案的构建对于成人高校学前教育具有深远的意义。它不仅能够提高教育的效率和质量，还能够支持学习者的终身学习和个人发展。为了实现这一目标，需要教育管理者、教师和学习者共同努力，充分利用数字技术的优势，不断完善和丰富数字化学习档案的内容和功能。

第七章 成人高校学前教育评价体系的改革与完善

本章着眼于成人高校学前教育评价体系的改革与完善，全面审视传统评价体系存在的问题，并探索在新时代背景下评价体系的设计理念和改革路径。首先，通过剖析传统评价体系的弊端与不足，本章揭示了当前评价实践中面临的主要挑战，包括评价方式的单一性、评价内容的局限性，以及评价结果应用性不强等问题。其次，基于新时代对成人教育的全面要求，本章提出了更新的评价体系设计理念，强调评价体系需要更加多元化、全面化，并能够真实反映学习者的学习成果和能力提升。进一步地，本章详细探讨了评价体系改革的实践探索与效果评估。通过实例分析和案例研究，展示了一系列改革措施在实际应用中的成效，以及这些改革如何促进了教育教学质量的提升和学习者能力的发展。最后，本章还强调了效果评估与教育科学研究的紧密结合，指出通过科学的研究方法和技术手段，可以更加精确地分析评价体系的效果，为进一步的评价体系优化提供了依据。

第一节　传统评价体系的弊端与不足

一、评价维度单一

在探讨成人学前教育专业的传统评价体系时，我们发现一个显著的弊端：评价维度的单一性。这种评价体系，深植于历史悠久的教育传统中，强调成绩和学术表现作为衡量学生成功的唯一标准。尽管这种方法能在某种程度上能够反映学生的学习成效，但它的不足已经变得越来越明显。

传统评价体系通常忽略了学生个性发展的重要性。在成人学前教育专业中，个性化的学习经历对于学生的成长至关重要。每个学生都有独特的学习方式、兴趣点以及发展速度。然而，当评价标准过于集中于学术成绩时，教育者可能会忽视对学生个性化需求的支持。这不仅限制了学生个性的发展，还可能导致学生在学习过程中感到挫败，尤其是那些可能不擅长传统学科但在其他领域具有天赋的学生。

传统评价体系往往未能充分评价学生的创新能力。今天，创新能力被广泛认为是最重要的技能之一。然而，传统的评价方法通常重视知识的记忆和重复，而不是创新思维和解决问题能力。这种做法可能会抑制学生的创造性思考，使他们不愿意尝试新思路或探索未知领域，可能会错过发展和展示自己独特思维和解决问题技能的机会。

传统评价体系忽略了社交技能的重要性。在成人学前教育专业中，社交技能对建立有效的沟通和合作非常关键，不仅对个人的社会互动至关重要，也是职场成功的关键。然而，由于传统评价体系主要关注学术成就，学生在学校获得的社交技能训练非常有限。这种忽视可能导致学生缺乏必要的团队合作、领导力和解决冲突的技能，从而影响他们在未来职业环境中的表现。

传统评价体系过分强调最终成果，这种单一维度也忽视了学习过程的价值，可能会导致对成绩的过分关注，而忽略了学生在学习过程中的探索和个人成长，学生可能会感到压力重重。这种压力不仅可能损害学生的学习动机，还可能导致诸如焦虑等心理健康问题。

综上所述，为了更全面地评价和支持学生的发展，教育系统需要采纳更加多元化的评价方法，这些方法不仅重视学术成就，也重视学生作为一个整体的发展。这样做不仅能培养具有必要学术知识的学生，还能培养出具备创新思维、强大社交能力和适应未来挑战所需的其他关键技能的学生。

二、缺乏反馈机制

在当前的教育评价体系中，特别是在成人学前教育专业中，评价体系主要将最终的成绩和表现作为衡量学生学业水平的唯一标准。这种做法虽然在一定程度上可以简化评价流程，节约资源，但存在着显著的弊端和不足，尤其是在缺乏有效反馈机制的情况下，更加凸显其局限性。

首先，成人学前教育专业的评价体系往往将重点放在最终成绩上，而不是学生的学习过程和方法。这种做法忽视了教育的本质——教育不仅是知识的传递，更是培养学生独立思考和终身学习能力的过程。当评价体系只关注结果而非过程时，学生很可能采取应试的策略，重视短期记忆而非深层次的理解和掌握，这对于他们的长期发展是不利的。

其次，缺乏反馈机制意味着学生在学习过程中遇到的问题和挑战无法得到及时和有效的解决。在传统的评价体系中，学生往往在课程结束后才能获得成绩和评价，这时候再去改正之前的错误和不足为时已晚。有效的教育评价应该是一个持续的过程，包括对学生学习方法的指导和改进建议，帮助他们理解如何以更有效的方式学习，从而促进他们的个性化发展。

最后，缺乏针对学习过程和方法的反馈还会导致学生失去自我评估和自我改进的机会。学生如果只是被动接受评价结果，而不是参与到评价过程中来，就很难培养出自我反思的能力，也很难在工作和生活中适应新的挑战。

针对这些弊端和不足，成人学前教育专业的评价体系需要进行根本性的改革。首先，评价体系应该更加重视学生的学习过程和方法，而不仅仅是最终成绩。这可以通过引入形成性评价来实现，形成性评价强调在学习过程中提供反馈，帮助学生及时调整学习策略和方法。其次，评价体系应该提供多元化的评价方法，不仅包括书面考试，也应该包括项目、报告、口头演讲等多种形式，以全面评价学生的能力和发展。最后，评价体系应该鼓励学生参与自我评价和同伴评价，培养他们的自我反思和批判性思维能力。

通过这些改革，成人学前教育专业的评价体系可以更加公平、全面地评价学生的能力，同时促进学生的个性化发展和终身学习能力。

三、评价标准僵化

在当今的教育体系中，成人学前教育专业的评价标准往往呈现出一种固定且统一的模式，一定程度上限制了教育的多样性和个性化发展。评价标准的僵化不仅难以适应教育目标的多样化和个体差异的存在，而且还可能导致教育效果的不均衡，影响学习者的全面发展。

成人学前教育专业作为培养未来幼教人才的重要基地，其教学和评价方式的设计应当充分考虑成人学习者的特点和需求。成人学习者与传统的学前教育对象在认知能力、学习动机、经验背景等方面都存在显著差异，将一个统一的评价标准应用于所有学习者身上，显然无法准确地反映每个学习者的真实水平和潜能。

首先，评价标准的僵化忽视了教育目标的多样性。成人学前教育专业的教学目标不仅仅是传授专业知识和技能，更重要的是培养学习者的批判性思维、创新能力和终身学习的能力。偏重知识积累的评价标准无法全面衡量学习者达到的教育目标，从而限制了教育的深度和广度。

其次，评价标准的僵化无法适应个体差异。成人学习者的背景、经验、认知风格和学习需求存在很大差异。统一的评价标准难以准确反映每个学习者的个性和特点。例如，对于工作经验丰富的学习者来说，他们可能在某些领域已经拥有较强的实践能力和理解能力，但传统的评价方式无法充分认可和评价这些非形式化学习的成果。同样，对于那些可能需要更多支持和引导的学习者来说，统一的评价标准也无法提供足够的灵活性来满足他们的特殊需求。

最后，评价标准的僵化还可能导致教学内容和方法的单一化。为了应对固定的评价标准，教师可能倾向于采用“应试”式的教学策略，将教学重点放在如何提高学习者在传统评价体系中的表现上，而忽视了教育的本质和创新教学方法的探索。这种做法不仅限制了教育内容的丰富性和教学方法的多样性，也抑制了学习者创新思维和实践能力的发展。

综上所述，成人学前教育专业传统评价体系的弊端和不足主要体现在评价标准的僵化上。这种僵化的评价标准不仅难以适应多样化的教育目标和个体差异，还可能导致教育内容和方法的单一化，影响教育的质量和效果。因此，为了更好地适应现代教育的需要，有必要对现有评价体系进行改革和创新，建立更加灵活、多元和个性化的评价体系，以促进每个学习者的全面发展和终身学习能力的培养。

四、教学与评价脱节

探讨成人学前教育专业传统评价体系的弊端与不足时，无法回避的一个重要问题是教学与评价的脱节。这种脱节现象意味着评价体系与教学实践之间存在显著的差异，评价结果往往无法准确反映教学质量和学生实际能力。这种现象不仅在成人学前教育领域普遍存在，也是教育评价领域面临的共同挑战。

教学与评价脱节的表现形式多样。最直接的表现就是评价内容与教学内容不一致，即评价标准和工具无法全面覆盖教学目标。在成人学前教育领域，教学目标往往包括知识掌握、技能发展、情感态度、创新能力等多个维度，但传统的评价体系往往过度侧重于书面考试和理论知识的测试，忽视了实践技能的评估和情感态度的观察。这种情况下，评价结果可能显示学生在理论知识方面表现良好，却无法反映其实际操作能力和教育情怀。

评价方式的落后也是造成脱节的重要原因。传统的评价方式多采用闭卷考试、选择题等形式，这些方式易于操作和标准化处理，却难以评估学生的综合能力、批判性思维和创造性解决问题的能力。成人学前教育专业的学生需要具备的不仅是理论知识，更重要的是在实践中解决实际问题的能力。然而，传统的评价方式很难对这些能力进行准确的评估。

评价频率和时机的不恰当也是导致教学与评价脱节的原因之一。在很多情况下，成人学前教育专业的评价往往集中在学期末或者课程结束时，这种“一刀切”的评价方式忽视了学习过程的动态性。学生的学习是一个持续发展和变化的过程，仅仅通过课程结束时的一次性评价很难准确捕捉到学生的学习进展和实际能力。

评价与教学脱节的后果是多方面的。首先，它可能导致教学目标的偏离，教师在教学过程中可能过度关注于应试技巧和理论知识的灌输，忽视学生能力的全面发展。其次，学生的学习动力可能会下降，因为他们发现即便在实践中表现出色，也无法通过评价体系获得相应的认可。最后，评价结果的不准确还可能影响到教育决策的制定，包括教学资源的分配、教学方法的调整等。

为了解决教学与评价脱节的问题，需要从评价内容、评价方式和评价时机三个方面进行改进。首先，评价内容需要与教学目标相一致，充分覆盖知识、技能、情感态度等多个维度。其次，评价方式应当多样化，引入项目评估、同行评价、自我评价等多种形式，更好地评估学生的综合能力。最后，评价应当贯穿于教学全过程，通过持续的、多样的评价方式来动态跟踪学生的学习进展，从而更准确地反映学生的实际能力。

五、忽视过程评价

在教育领域，评价系统是衡量学生学习效果的重要工具，它直接影响教学方法的选择、教育内容的安排，以及教育质量的提高。在成人学前教育专业这一特定领域，评价体系的科学性、合理性和全面性对促进成人学习者的全面发展尤为关键。然而，传统的评价体系存在明显的弊端与不足，其中最为突出的问题就是忽视过程评价。

传统评价体系往往过于侧重于结果评价，通过对学生最终学业成绩的考量来衡量学习效果。这种做法能够简单直接地反映学生的知识掌握程度和技能水平，但它忽视了学习过程中的积累和变化，无法全面评估学生的学习效果。学习过程的观察与评价有助于理解学生的学习动态、学习策略的运用情况、学习态度和学习方法的形成。忽视这一环节，就等于放弃了对教育过程深入了解的机会，也无法为教育教学的改进提供有效的数据支持。

在成人学前教育专业中，学习者通常具有更加多样化的背景、需求和目标，他们可能因工作、家庭或其他原因而对学习时间、学习方式有特殊需求。这就要求评价体系更加灵活和多元，能够评价学习者学习过程中的努力和进步，而不仅仅评价其最终的成果。过程评价能让教师及时了解学生的学习状态，对学习方法和策略进行调整，帮助学生建立自信，增强学习的内在动机。

忽视过程评价的另一个弊端是，无法充分发挥评价的育人功能。教育不仅仅是知识和技能的传授，更是价值观的培养、个性的塑造和创新能力的激发。过程评价关注学生的全面发展，包括学习态度、学习习惯、合作精神、创新思维等非智力因素，这些都是成人学前教育专业学生成为优秀教育工作者不可或缺的素质。通过过程评价，教师可以更好地引导成人学习者反思学习过程，培养学生的自我评价能力和终身学习能力。

总之，为了促进成人学习者的全面发展，提高教育教学效果，有必要对现有的评价体系进行改革和优化，加强过程评价的比重，发挥评价的全面功能，从而更好地服务于成人学前教育专业的教育目标和学习者的需求。这不仅是对传统评价观念的挑战，也是教育实践创新的机遇。

第二节　新时代成人高校学前教育评价体系的设计理念

一、全面性

在新时代的背景下，成人高校学前教育评价体系的设计理念尤为重要，它不仅关系到学生的全面发展，也是提高教育质量、促进教育公平的重要手段。在这一背景下，全面性成为设计成人高校学前教育评价体系时的一个核心理念。这种全面性体现在对学生发展的多维度评价上，不仅包括学生的知识掌握程度，还涵盖了能力培养、态度形成等方面。这种评价体系的设计旨在更好地适应社会发展的需要，全面提升成人高校学前教育专业的质量。

从知识掌握这一维度来看，传统的评价体系往往过于注重知识的积累，忽视了知识应用的能力。在新时代成人高校学前教育评价体系中，对知识掌握的评价不再是单纯的记忆和复述，而是要求学生能够理解、分析、综合和应用所学的知识。这意味着，评价的重心从简单的知识测试转向了对学生综合运用知识解决问题能力的考查。通过综合评价，可以有效促进学生深入学习，培养其批判性思维和创新能力。

能力培养是成人高校学前教育评价体系中的另一重要维度。在新时代的社会背景下，仅有丰富的知识储备不足以应对日益复杂的社会和工作挑战，学生需要具备解决问题、团队合作、沟通协调等多方面的能力。因此，评价体系设计时要通过多样化的评价方法，如项目式学习、团队作业、实习实训等，全面考查和促进学生的实践能力、创新能力、沟通能力等。通过这样的评价，不仅能够帮助学生认识到自己的能力发展水平，也能够激发学生的学习兴趣，促使他们在学习过程中不断挑战自我，实现综合能力的提升。

良好态度的形成也是新时代成人高校学前教育评价体系中不可忽视的一个方面。在当今社会，积极的学习态度、良好的职业道德和高度的社会责任感等都备受重视。因此，评价体系中应包含对学生学习态度、合作精神、创新意识等非智力因素的评价。通过日常观察、师生互动、同伴评价等多种方式，全面了解和评价学生的态度和价值观，引导学生形成积极向上的学习态度，培养他们的社会责任感，提升职业道德水平，为其未来的职业生涯和社会生活打下坚实的基础。

在新时代背景下，成人高校学前教育评价体系的设计必须是全面的，不仅要考虑到学生知识的掌握，还要涵盖其能力培养、态度形成等多个维度。这种全面性的评价体系能更好地促进学生的全面发展，满足社会对高素质人才的需求。通过实施这样的评价体系，可以有效提高教育质量，促进教育公平，为建设学习型社会和促进社会的全面发展做出贡献。

二、发展性

在新时代的教育背景下，成人高校学前教育的评价体系设计理念已经逐渐从传统的以考试成绩为中心的评价方式，转变为更加注重学生个性化发展的发展性评价。这种转变意味着评价不仅仅关注学生在知识掌握和技能应用方面的表现，更重视如何促进每个学生的全面发展，包括认知发展、情感态度、价值观念以及社会适应能力等方面。这种发展性评价体系的设计理念，旨在通过提供针对性的反馈，帮助学生识别自身的优势和弱点，从而制定出有效的改进策略，促进其个性化发展。

发展性评价的核心在于它的目标导向性，即评价的最终目的不仅仅是给学生一个学习成果的“标签”，而是要通过这一过程激励和指导学生更好地学习和发展。这要求评价方式必须具备高度的灵活性和多样性，能够根据学生的不同特点和需要，采取不同的评价策略和方法。例如，除了传统的笔试和口试之外，还可以包括项目作业、个人或团队研究报告、实践操作考核、学习过程记录、自我评价和同伴评价等多种形式。这样做不仅可以从多角度全面地评价学生的学习成果，更重要的是能够鼓励学生通过多种方式表达自己的思想和理解，增强其创造力和解决问题的能力。

在发展性评价中，针对性的反馈起着至关重要的作用。这种反馈不应该仅仅停留在告知学生他们的表现如何，更应该指出他们在学习过程中表现出来的优势和弱点，并在此基础上提供具体的改进建议和策略。这种反馈应该是及时的、具体的、可操作的，能够帮助学生清晰地认识到自己当前的学习状况，了解如何调整学习策略和努力方向以达到更好的学习效果。这不仅能够促进学生的自我反思和自我调整能力，更能够激发他们的学习动力和兴趣，培养他们的自主学习能力。

发展性评价还强调评价的参与性，鼓励学生参与到评价过程中来。通过自我评价和同伴评价，学生不仅能够从他人的反馈中获得成长，更重要的是能够学会如何以一种建设性的方式评价自己和他人，这对于培养学生的批判性思维能力和沟通协作能力极为重要。同时，这种参与性的评价还能够增强学生对学习过程的控制感，使他们更加积极主动地参与到学习中来，从而更好地促进个性化发展。

总之，新时代成人高校学前教育的评价体系设计理念强调发展性，其核心目的是通过灵活多样的评价方式和及时具体的反馈机制，促进学生的个性化发展。这种评价理念的实施，不仅能够帮助学生更好地认识自己、明确学习目标，还能够激发学生的学习兴趣和动力，培养其自主学习和终身学习的能力，为他们的全面发展奠定坚实的基础。

三、多元性

传统的教育评价体系往往以教师为主体进行单一评价，这种模式在一定程度上忽视了教育多元主体的参与，限制了评价视角的广度和深度。随着教育理念的更新和教育实践的深入，教师评价、同学互评、自我评价以及社会评价等多元评价机制的引入，被认为是确保评价全面性和客观性的有效途径。

教师评价作为传统评价体系的主流，依旧扮演着不可或缺的角色。教师不仅是知识的传授者，更是学生学习过程中的引导者和监督者。在新时代成人高校学前教育评价体系中，教师评价仍然是评价体系的重要组成部分。教师通过观察学生在学习过程中的表现，了解学生的学习进度、掌握程度以及存在的问题，为学生提供个性化的指导和帮助。同时，教师评价还需要不断地更新评价工具和评价方法，采用更加科学、合理的评价标准，确保评价的公正性和准确性。

同学互评作为评价主体的一种补充，可以从同龄人的角度对学生的学习态度、团队协作能力等进行评价。这种评价方式可以促进学生之间的交流和合作，增强学生的社会交往能力和团队意识。在同学互评过程中，学生不仅能够获得他人的反馈，还能学会如何公正地评价他人，这对培养学生的批判性思维和公正意识具有重要意义。

自我评价是另一种重要的评价方式，它强调学生对自己学习过程和结果的反思和评估，能让学生清晰地认识到自己的优点和不足，从而更加主动地调整学习策略，提高学习效率。自我评价不仅有助于学生建立起自我监控和自我管理的能力，也是培养学生自主学习能力和终身学习能力的重要途径。

社会评价则是指行业专家和社会公众等社会各界对学生学习成果的评价。这种评价方式可以将学生的学习成果与社会需求相对接，从而更加客观地反映学生的学习效果和能力水平。社会评价的引入，不仅可以帮助学校和教师了解社会对教育的期望和要求，还能激励学生将学习与实践相结合，提高学习的针对性和实用性。

综上所述，多元化评价主体的引入，是新时代成人高校学前教育评价体系设计的重要理念之一。通过教师评价、同学互评、自我评价以及社会评价等多种评价方式的综合运用，可以从不同角度、多个层面对学生的学习进行全面、客观的评价。这种多元化的评价机制不仅有助于全面提升学生的学习质量和能力水平，还可以促进教育教学的改革和发展，实现教育的个性化和多元化。在实践中，高校应不断探索和完善多元化评价机制，确保评价体系的科学性、合理性和有效性，从而更好地服务于学前教育专业的教学和学习。

四、过程性

在新时代的教育背景下，成人高校学前教育领域越来越重视评价体系的构建。不仅要重视对学习成果的评估，更要重视对学习过程的观察和评价。过程导向的评价体系设计理念，正是在这样的背景下应运而生的。该理念主张通过对学习过程的持续观察和评价，结合反馈和调整，来促进教学和学习方法的改进，进而提高教育质量和学习效果。

过程导向的评价体系强调的是教育过程的重要性，认为学习过程中的体验、参与和进步与学习结果一样重要。这种评价方式试图跳出传统的以结果为导向的评价模式，不再单一地依赖期末考试成绩或者最终作品的表现来评价学生的学习效果。相反，它通过对学生学习活动的持续观察、记录和分析，关注学生的学习态度、学习策略的运用、知识技能的掌握过程，以及创造性思维的发展等方面，为学生提供即时的反馈和必要的支持。

实施过程导向评价体系，需要教师在教学过程中扮演更加积极的角色。教师不再仅仅是知识的传递者，更是学习过程的引导者和观察者。教师需要设计富有挑战性的学习任务，鼓励学生主动探索和尝试，同时对学生的学习过程进行实时监控和记录，根据学生的学习情况提供个性化的指导和反馈。这种教学模式要求教师具备高度的专业素养和灵活的教学策略，能够根据学生的反馈及时调整教学计划和方法，以促进学生能力的全面发展。

对于学生而言，过程导向的评价体系能激发他们的学习兴趣和主动性。在这种评价体系下，学生不再被动地接受知识，而是成为学习过程的主体。学生积极参与到学习任务的设计和执行中，通过反思自己的学习经历，识别学习中的问题，寻找解决策略。这种主动探索和自我反思的过程，不仅有助于知识的深入理解和长期记忆，还能培养学生的批判性思维、解决问题的能力和终身学习的习惯。

过程导向评价体系的实施，还需要建立一套科学合理的评价标准和方法。这包括但不限于学习日志、自我评价、同伴评价、项目作业、口头报告等多种形式。通过这些多样化的评价方式，可以全面地反映学生的学习过程和学习成效，避免传统评价方式可能带来的片面性和局限性。

值得注意的是，过程导向的评价体系并不是完全否定结果导向评价的价值，而是试图在过程与结果之间找到一个平衡点。在实际应用中，过程导向评价往往与结果导向评价相结合，通过对学习过程的关注来优化学习结果，实现教育的全面质量提升。

总之，过程导向的评价体系是新时代成人高校学前教育领域对教育评价观念的一次重要转变。它通过重视学习过程中的每一个环节，关注学生的全面发展，促进教学和学习方法的不断改进，从而实现教育质量的全面提升。在实施过程中，需要教师、学生和教育管理者共同努力，不断探索和完善评价体系，使之更加科学、合理和高效。

五、科学性与适应性

在新时代背景下，成人高校学前教育评价体系的设计理念应着重考虑科学性与适应性两大要素。科学性保证了评价体系在理论和实践中的有效性和可靠性，适应性则确保了评价体系能灵活应对多变的教育环境和满足不同学习者的需求。这两大要素在设计评价体系时不可或缺，它们相互作用，共同构建出既严谨又灵活的评价体系。

科学性是评价体系设计的基础。一个科学的评价体系需要建立在坚实的教育理论基础之上，通过合理的方法、工具和指标对学习成果进行评价。这意味着评价体系的设计需要基于广泛的研究和实证数据，确保评价方法、内容和标准能准确反映学前教育的目标和要求。例如，评价体系可以结合学前教育的核心素养，通过观察、案例分析、自评和同伴评价等多元化方法，全面评估学习者的知识掌握、能力发展和态度的形成。此外，科学的评价体系还需要具备可操作性和可测量性，确保评价过程的标准化和系统化，以提高评价的客观性和公正性。

科学性并不意味着僵化和一成不变。在新时代的背景下，成人高校学前教育面临着多元化的教育需求和快速变化的教育环境。因此，评价体系的设计还需要具有高度的适应性，能够灵活应对不同学习者的需求和不同教育情境的变化。在评价体系的设计中应考虑到学习者的背景、特点和学习状态，采用个性化的评价策略和方法，以促进每个学习者的最大发展。例如，对于成人学习者，评价体系可以更多地考虑其工作经验和生活经验，通过项目式学习、实践活动和反思日志等方式，评估其综合能力和实际应用能力。

适应性还要求评价体系随着教育政策、科技进步和社会需求的变化而调整和优化。这意味着评价体系应动态地发展，通过定期的评估和反馈机制，不断地修正和完善评价工具、方法和标准。这样的评价体系能够保持其时代性和前瞻性，更好地服务于学前教育的发展目标。

科学性和适应性的结合，对于新时代成人高校学前教育评价体系的设计至关重要。科学性保证了评价体系的有效性和可靠性，适应性则提供了必要的灵活性和开放性，使评价体系能满足多样化的教育需求，应对快速变化的教育环境。基于这样的设计理念，可以构建既严格又灵活、既统一又多元的评价体系，有效促进成人学前教育的质量提升和持续发展。在实践中，这要求教育者、评价者和相关政策制定者共同努力，不断探索和创新，确保评价体系的设计和实施既科学合理又具有时代性和实用性。只有这样，才能真正实现成人高校学前教育评价体系的目标，促进每一位学习者的全面发展和终身学习。

第三节　评价体系改革的实践探索与效果评估

一、多样化评价工具的开发与应用

在当今教育领域，随着成人学前教育专业的发展和成熟，传统的教育评价体系已经不能完全满足现代教育的需要。本节旨在探索多样化评价工具的开发与应用，以及这些改革措施的效果评估。

多样化评价工具的开发与应用，是为了更全面地评价学生的学习成效。项目作业、口头报告、同伴评价等方法的引入，使评价更加符合成人学前教育专业的实际需求。项目作业可以让学生学以致用地在实践中学习和应用理论知识。通过口头报告，学生可以锻炼自己的表达能力和逻辑思维能力，同时也便于教师及时了解学生的学习状态和问题。同伴评价则是让学生互相评价，不仅能提高学生的批判性思维能力，还能增强学生之间的互动和交流。

这些多样化的评价工具，不仅关注学生知识的掌握程度，更重视学生综合能力的培养。例如，在项目作业中，学生不仅要展示专业知识，还需展现团队合作、解决问题等能力。这种评价方式有助于培养学生的实践能力和创新能力，更符合成人学前教育专业的培养目标。

评价体系的改革也体现在评价内容和标准上。改革前的评价体系往往是单一的，主要以书面考试的形式来衡量学生的学习成果。而改革后，评价内容更加丰富，评价标准也更加具体和多元，既有定性的评价，也有定量的评价，确保了评价的全面性和公正性。

对多样化评价工具的实践探索进行效果评估是非常重要的。这不仅可以验证改革措施的有效性，还可以为未来的教育评价提供参考。效果评估可以通过对学生的学习成效、教师的教学满意度、教学过程的改进等多个方面进行。通过对比改革前后的数据，可以直观地看出多样化评价工具的应用对学生学习成效的影响。此外，还可以通过问卷调查、访谈等方式，了解学生和教师对于评价工具的使用体验和意见，以便进一步优化评价体系。

综上所述，成人学前教育专业评价体系的改革不仅使评价更加全面和客观，还促进了学生能力的全面发展。未来，教育评价体系的改革还需继续深入探索，以更好地适应教育发展的需要。

二、形成性评价的实施

在当今教育领域，成人学前教育专业评价体系改革已成为一项重要议题。随着教育理念的不断进步和教学方法的日益创新，形成性评价作为一种更为灵活、全面的评价方式，其实施不仅对提高成人学前教育的教学质量具有重要意义，也对促进学习者个人成长与发展起到了积极作用。

形成性评价，与传统的结果性评价（如期末考试）不同，更加强调学习过程的监控与反馈，目的在于通过持续的、多样化的评价方法来促进学习者的学习和教师的教学。其核心在于为学习者提供即时反馈，帮助他们了解自己在学习过程中的进步与不足，从而调整学习策略，改善学习方法，实现个人能力的提升和知识的掌握。

在成人学前教育领域中，形成性评价的实施可以采取多种形式，包括但不限于日常观察、学习日志、进度报告等。日常观察作为一种非正式但高效的评价方式，能够使教师在不干扰正常教学活动的情况下，实时了解学习者的学习状态和问题。通过观察学习者在课堂讨论、小组活动、实践操作等活动中的表现，教师可以及时发现问题并给予个性化的指导和反馈。

学习日志则是一种自我反思的形式，鼓励学习者记录下自己的学习过程、感受、问题和收获。这不仅可以帮助学习者更好地自我监控和反思，也为教师提供了了解学习者内心世界和学习状态的窗口。通过定期审阅学习日志，教师可以更加精准地把握学习者的需求和挑战，从而在教学中做出相应的调整和优化。

进度报告则更侧重于对学习者学习成果的定期汇报，它不仅总结了学习者在一段时间内的学习进展，还包含教师对学习者未来学习方向的建议。这种方式不仅有助于激励学习者，明确学习目标，还能增强教师与学习者之间的沟通，共同制订更为有效的学习计划。

实施形成性评价的过程中，技术的应用不容忽视。随着数字技术的发展，各种在线学习平台和工具被广泛应用于教学中，为形成性评价提供了便利。例如，电子学习日志、在线互动平台等，不仅简化了信息的收集和分析过程，还为教师和学习者之间的即时反馈提供了渠道。通过这些技术手段，形成性评价可以更加高效、精确地实施，大大提升了其在成人学前教育中的应用价值。

然而，形成性评价的实施也面临着诸多挑战。首先，由于成人学习者的学习背景和需求更为复杂，如何设计适应不同学习者的形成性评价方式成为一大难题。其次，形成性评价要求教师投入更多的时间和精力进行持续的观察和反馈，这对教师的工作量和专业能力提出了更高要求。因此，加强教师培训，提升其对形成性评价理念和方法的理解和应用能力，是实施形成性评价的关键。

成人学前教育领域中形成性评价实施的探索和实践尽管存在挑战，但带来的积极效果不容忽视。形成性评价不仅能促进学习者的主动学习和个人成长，还能提高教学的有效性和质量，将对推动成人学前教育的发展起到重要作用。

三、学习成果的综合评价

在成人学前教育领域，传统的教育评价体系已难以全面反映学生的学习成果。因此，探索一种能够全面、公正评价成人学生学习成果的新型评价体系，对于提高教育质量、满足成人学习者多样化需求具有重要意义。

成人学前教育专业评价体系改革的核心，在于从多维度、多角度全面评价学生的学习成果。这不仅仅包括传统的测试成绩，还应涵盖课程项目、实践表现等多种评价维度。这种综合评价体系的构建，旨在更加全面地反映学生的知识掌握程度、技能应用能力和综合素质，从而为成人学前教育领域提供更为科学、合理的教育评价标准。

测试成绩仍然是评价学生学习成果的重要组成部分。传统的测试方法，如笔试、口试等，能够较为直接地反映学生对知识的掌握情况。然而，在成人教育中，学生的背景、经验和学习能力差异较大，仅凭测试成绩难以全面评价学生的实际学习效果。因此，测试成绩的评价应更加注重知识的理解和应用。

课程项目的评价在成人学前教育评价体系中占据了极其重要的位置。课程项目通常要求学生将所学知识应用于实际情境中，通过项目的设计、实施和反馈，不仅能够考查学生的知识运用能力和解决问题能力，还能够评价学生的团队协作能力、项目管理能力等软技能。通过课程项目的评价，教师能更加全面地掌握学生的学习情况，学生也能通过实践加深对知识的理解和应用。

实践表现的评价是成人学前教育评价体系改革的另一个重要方面。成人学生通常具有一定的工作经验和社会实践经历，将其实践经历纳入学习成果的评价中，可以更好地反映学生的综合能力和实际应用水平。实践表现的评价可以通过实习、社会服务、工作岗位表现等多种形式进行，这不仅有助于激发学生的学习兴趣，还能促进学生将学习与实践相结合，提高学习的实用性和有效性。

除了上述评价维度外，成人学前教育专业评价体系改革还应注重学生自我评价和同伴评价的作用。自我评价可以帮助学生反思自己的学习过程和学习成果，培养其自我监控和自我调节的能力；同伴评价则可以提供不同视角的反馈，促进学生之间的交流和学习。通过多元化的评价方式，可以构建起一个更为全面、互动和包容的成人学前教育评价体系。

综上所述，成人学前教育专业评价体系改革的实践探索和效果评估显示，通过综合利用测试成绩、课程项目、实践表现等多种数据进行学习成果的评价，不仅可以更加全面地反映学生的实际学习情况，还可以促进学生能力的全面发展。未来，随着教育技术的发展和教育观念的更新，成人学前教育专业评价体系将继续向着更加科学、合理和人性化的方向发展。

四、评价结果的反馈与应用

在当前的教育改革中，针对成人学前教育专业的评价体系改革已经成为提高教学质量和促进学习者全面发展的关键因素。在这一背景下，评价结果的反馈与应用显得尤为重要，它不仅能为教师提供教学改进的依据，也能为学生个人学习计划的调整提供指导。

评价结果的及时反馈是调整学习者学习策略、提高学习效率的重要前提。在成人学前教育领域，学习者往往具有不同的学习背景、工作经验和个人目标，这就要求评价体系能够提供个性化的反馈信息。通过对学习成果的及时评价和反馈，学习者能了解自己在知识掌握、技能应用等方面的具体表现，进而针对性地调整学习方法，弥补知识和技能的不足。例如，如果一位学习者在幼儿心理发展的课程评价中发现自己的理解不够深刻，他就可以增加相关领域的学习时间，寻找更多实践机会来提升自己的理解和应用能力。

对于教师而言，评价结果的反馈是提高教学质量的关键。例如，如果评价结果显示大部分学生在幼儿园环境设计方面存在问题，教师就可以增加相关的案例分析和实践演练，帮助学生加深理解和提高能力。此外，教师还可以利用评价结果来识别教学中的不足,如教材的选择、教学方法的运用等,进一步提升教学效果。

评价结果的有效反馈还依赖于科学合理的反馈机制。这包括建立多元化的评价工具、确保评价过程的透明公正，以及提供具体实用的反馈内容。多元化的评价工具可以从不同维度全面反映学生的学习情况，如通过作业、测试、实践报告等不同方式来评估学生的知识掌握和技能应用；透明公正的评价过程可以增强学生和教师对评价结果的信任，促进其积极参与反馈过程；具体实用的反馈内容可以更好地指导学生和教师进行下一步的行动。

在实施评价结果反馈的过程中，还需要注意以下几点：

首先，反馈应当及时，这样学生和教师才能在最短的时间内做出调整。其次，反馈应当具有针对性，即根据学生的具体情况提供个性化的建议和指导。最后，反馈过程应当是双向的，师生双方都应该有机会对教学内容、方法等提出自己的意见和建议。

评价结果的反馈与应用不仅能够提升个体的学习和教学效果，也对成人学前教育专业评价体系改革的整体推进具有重要意义。通过持续的实践探索和效果评估，可以不断完善评价体系，形成一个促进学生全面发展、提高教学质量的良性循环。此外，评价体系的改革还可以为其他教育领域提供有价值的经验和启示，进一步推动教育改革的深入发展。

评价结果的反馈与应用是成人学前教育专业评价体系改革中的一个关键环节。各级教育机构和教育工作者应当重视评价结果的反馈与应用，不断探索和实践，以期达到改革的最终目标——为成人学前教育学生提供高质量的教育服务，培养出更多具有高度责任感和专业能力的教育工作者。

五、评价体系的持续优化

随着经济的发展和科技的进步，终身学习的理念日益深入人心。其中，成人学前教育作为终身学习体系的重要组成部分，越来越受到社会的广泛关注。为了适应这一发展趋势，成人学前教育专业的评价体系急需改革，以更好地服务于教育目标和学习者的需求。

成人学前教育专业评价体系的持续优化是一个复杂而动态的过程，它涉及多个方面的因素，包括评价指标的设定、评价方法的选择、评价结果的应用等。首先，持续优化评价体系要求我们不断地根据评价结果和反馈来修正和优化评价指标。评价指标是评价体系的核心，直接影响到评价的有效性和公正性。因此，我们需要定期对评价指标进行复审，确保它们能够全面、准确地反映成人学前教育专业的教育目标和学习成果。评价指标不仅包括知识和技能方面的指标，也包括学习者的情感态度、价值观等非智力因素的评价。

评价方法的选择和应用也是持续优化过程中的关键环节。随着教育理念的更新和科技的发展，新的评价方法不断涌现，如基于项目作业、同伴评价、自我评价等。这些方法各有特点，能够从不同角度、不同层面对学习者进行评价。教育者需要根据成人学前教育的具体情况和学习者的特点，灵活选择和结合多种评价方法，以实现更加全面和客观的评价。

评价结果的应用是评价体系持续优化的另一个重要方面。评价结果不仅可以用来反馈给学习者，帮助他们了解自己的学习进展和不足，还可以为教育教学提供参考和指导。通过分析评价结果，教育者可以发现教学中的问题和不足，及时调整教学策略和方法，提高教学效果。此外，评价结果还可以用来指导教育政策的制定和优化，促进成人学前教育专业的整体发展。

除此之外，持续优化评价体系还需要建立有效的反馈机制，包括不仅对学习者的反馈，以及对教育者、教育管理者、社会各界的反馈。通过建立多元化的反馈渠道，收集广泛的意见和建议，可以更全面地了解评价体系的实际运行情况和存在的问题，为评价体系的优化提供有力的支持。

总之，成人学前教育专业评价体系的持续优化是一个长期而复杂的过程，它要求我们不断地反思和创新，紧跟教育发展的步伐，适应社会变化的需求。在这一过程中，我们需要所有利益相关方的共同参与和努力，才能确保评价体系的有效性和适应性，实现成人学前教育专业的持续发展和进步。

第四节　效果评估与教育科学研究的融合

一、评价体系的科学化建设

在当前的教育背景下，成人学前教育专业的发展越来越受到重视，其中，对其效果的评估和教育科学研究的融合成了提升教育质量的重要途径。为了科学地建立评价体系，确保其能有效地反映教育质量，必须采用综合的研究方法，如数据分析和案例研究，来验证评价体系的合理性和有效性。

构建科学的评价体系是评估成人学前教育专业效果的基础。这样的体系需要围绕教育目标、教育内容、教学方法、学习效果和后续影响等多个维度进行设计。其中，教育目标的明确性是评价体系科学化建设的前提，只有当我们明确了教育所要达到的目标，才能准确地评价教育过程和结果的有效性。接下来，教育内容和教学方法的现代化、科学化是评价的重要内容，它们直接关系到学习效果的好坏和教育质量的高低。

在此基础上，通过教育科学研究，采用数据分析、案例研究等方法来验证评价体系的合理性和有效性尤为重要。数据分析可以提供量化的证据，帮助研究者客观地评价教育效果，分析教育过程中的各种因素如何影响最终的学习成果。这包括对学习成绩、学习进度、教学互动等方面的数据进行收集和分析，以及运用统计学方法来探究不同教学方法和学习策略的效果差异。

案例研究提供了一种定性的研究方法，它通过深入分析个别案例，帮助研究者理解在特定情境下教育实践的复杂性。通过案例研究，可以详细记录和分析教育过程中的实际情况，包括教师的教学策略、学生的学习态度和学习行为，以及这些因素如何相互作用，共同影响教育效果。这种方法特别适合于探讨新的教学方法或学习模式在实践中的应用效果，为教育实践提供具体而生动的改进建议。科学研究方法的应用可以不断优化和完善评价体系，使其更加合理和有效。例如，通过数据分析揭示的问题可以成为案例研究的出发点，而案例研究中发现的深层次问题又可以促进对数据收集和分析方法的改进。这样，评价体系就能不断适应教育实践的变化，更好地服务于教育质量的提升。

科学化的评价体系还需与教育决策和教育管理紧密结合。这意味着评价结果应被用于指导教育实践，如调整教学策略、优化课程内容、改善教学方法等。此外，评价结果还应成为教育政策制定和教育资源分配的重要依据，以确保教育资源能有效地用于提升教育质量。

成人学前教育专业效果评估与教育科学研究的融合，是通过科学化建设评价体系，利用数据分析和案例研究等方法验证评价体系的合理性和有效性。这不仅需要明确教育目标，合理设计教育内容和教学方法，还需要将评价结果反馈到教育实践中，以指导教育决策和教育管理，从而不断提升成人学前教育的质量。在这一过程中，教育者、研究者和管理者需要紧密合作，共同推动成人学前教育向更高质量、更大效益的方向发展。

二、基于研究的评价改进

成人学前教育专业的发展速度日益加快，这不仅体现在教育规模的扩大上，更体现在教育质量的不断提升上。教育质量的提升离不开对教育效果的精准评估和基于评估结果的持续改进。此过程中，将成人学前教育专业效果评估与教育科学研究的融合作为一种重要的发展策略，是提高教育质量、优化教育结构的关键。

成人学前教育的专业效果评估，是指对教育活动效果的系统分析和评价，它关注的是教育目标的实现程度、教育过程的合理性以及教育结果的有效性。而教育科学研究，是通过科学的方法研究教育现象、解决教育问题的过程，它为评估提供了理论支持和方法工具。因此，将两者融合，即利用教育科学研究成果来指导和改进成人学前教育的效果评估，不仅可以提高评估的科学性和有效性，还能促进教育实践的不断改进和创新。

基于研究的评价改进意味着评价工具、方法和流程的科学化和标准化。随着教育科学研究的深入，评价工具和方法也在不断创新和完善。例如，传统的教育评价多依赖于考试成绩和教师的主观评价，现代教育科学研究则更加注重评价的多元化和全面化，强调要通过观察、访谈、案例分析等多种方法，全面收集评价信息。此外，教育科学研究还强调评价的过程要有参与性和发展性，鼓励评价主体（包括教师、学生和家长）积极参与评价过程，通过反馈和讨论促进教学和学习的改进。

基于研究的评价改进强调评价内容和标准的时代性和前瞻性。随着社会的发展和教育目标的变化，评价的内容和标准也需要不断更新。教育科学研究提供了评价内容更新的理论依据和实践指导。例如，21世纪的教育不仅仅关注知识的传授，也重视学生创新能力、批判性思维能力和终身学习能力的培养。因此，评价的内容也应当从单一的知识掌握转向能力和素养的综合评价。同时，评价标准应当体现新时代的教育价值观，不仅要有普遍性的基础标准，还要有针对性的、灵活多变的标准，以适应不同学生的个性化发展需要。

基于研究的评价改进还体现在评价结果的应用上。评价不仅仅是对过去教育活动的总结，更是未来教育改进和发展的依据。教育科学研究强调评价结果的反馈和应用，主张将评价结果转化为教育决策和教学实践的改进措施。这要求评价结果既要具有科学性和客观性，也要具有可操作性和指导性。例如，通过评价发现学生在某个领域的表现不佳，应当进一步分析原因，并根据分析结果调整教学策略，设计针对性的教学活动，以促进学生能力的提升。

基于研究的评价改进还涉及评价体系和文化的建设。在传统教育观念中，评价往往被视为一种压力和负担，而基于研究的评价改进试图构建一种积极的、以发展为导向的评价文化。在这种文化中，评价被视为一种促进学习和成长的工具，教师和学生都能从评价中获得反馈和激励，共同参与到教育改进和创新的过程中。为此，教育者需要建立一套科学合理、公正透明的评价体系，确保评价活动能够真实反映教育质量，同时激发师生双方的积极性和创造性。

综上所述，将成人学前教育专业效果评估与教育科学研究的融合，不仅能够提升评估的科学性和有效性，还能够促进教育实践的持续改进和创新。这要求教育者不断深化教育科学研究，创新评价工具和方法，更新评价内容和标准，合理应用评价结果，并构建积极的评价文化，从而推动成人学前教育专业的持续发展和质量提升。

三、教学实践的反思与研究

成人学前教育专业的发展日益受到重视，其效果评估与教育科学研究的融合对于提升教学质量和促进教育创新具有重要意义。在这一过程中，教学实践的反思与研究成了一个关键环节。通过将评价结果作为教学实践改进的依据，可以促进教学方法和策略的科学化和个性化发展，进而有效提高成人学前教育的教学效果和质量。

对成人学前教育专业的教学实践进行系统的效果评估是提高教育质量的基础。效果评估不仅涉及教学活动的结果，如学习成绩和学习满意度等，还包括教学过程中的教师教学行为、学生的学习行为、教学资源的利用情况，以及教学环境的优化等方面。通过全面、客观的评估，教师和教育管理者可以清晰地了解教学实践的现状和存在的问题，从而为教学改进提供依据。

将评价结果作为教学实践改进的依据，需要建立一个有效的反馈机制。这一机制应及时将评估结果反馈给教师和教育管理者，并提供改进建议。在这个过程中，教师扮演着至关重要的角色。他们需要具备反思和研究自己教学实践的能力，根据评估结果对教学方法和策略进行调整和优化。这不仅需要教师具有较强的自我反省能力，还要掌握科学的教育研究方法，以确保教学改进措施的科学性和有效性。

促进教学方法和策略的科学化、个性化发展，要求教育研究与教学实践紧密结合。在这一过程中，教育研究不应仅限于理论的探讨，而应深入教学实践中，通过实证研究探索适合成人学前教育特点的教学方法和策略。例如，利用案例研究、行动研究等方法，研究不同教学方法和策略在实际教学中的应用效果，进而形成具有指导意义的教学模式和策略。同时，考虑到成人学习者的特点，教学方法和策略的发展应更加注重个性化，满足不同学习者的需求。

在实现教学方法和策略的科学化、个性化发展的过程中，还需重视技术的应用。随着数字技术的发展，数字学习资源、在线学习平台等新型教学工具和环境为成人学前教育提供了更多可能性。教师可以利用这些技术手段，创造更加丰富多样的教学情境，提高教学互动性和学习者的参与度，从而提升教学效果。此外，技术还可以为教学效果的评估提供便利，如通过数据分析工具对学习过程和结果进行更精细的分析，为教学改进提供更有力的支持。

促进成人学前教育专业效果评估与教育科学研究的融合，需要构建一个开放、协作的教育生态。这要求教育管理部门、教育研究机构、学前教育机构和教师等各方面积极参与，共同推动教育研究成果的应用和教学实践的创新。通过建立跨学科、跨领域的合作机制，整合资源，分享经验，可以更有效地应对成人学前教育面临的挑战，促进教育质量的持续提升。

总之，成人学前教育专业效果评估与教育科学研究的融合是一个复杂而系统的过程。通过对教学实践的反思与研究，将评价结果作为教学改进的依据，可以促进教学方法和策略的科学化、个性化发展，为成人学前教育的创新和发展提供强有力的支持。这不仅需要教育工作者的共同努力，还需要社会各界的广泛参与和支持，共同推动成人学前教育向更高质量、更有效率的方向发展。

四、效果评估的长期跟踪

在当前的教育改革与发展背景下，成人高校学前教育改革的效果评估与教育科学研究的深度融合尤为重要。随着社会对早期教育重要性认识的不断加深，成人学前教育专业作为培养早教人才的重要途径，其改革的效果直接关系到未来教育质量与社会发展。因此，建立长期跟踪评估机制，对成人学前教育改革的长远效果与社会影响进行深入评估，不仅能够为教育改革提供科学的决策依据，而且对提高教育质量、促进教育公平具有重要意义。

长期跟踪评估机制的建立，首先需要明确评估的目标与内容。这包括但不限于成人学前教育专业改革的目标实现程度、教育质量的提升、学生能力的发展、毕业生就业情况、社会服务能力的增强等方面。通过对这些维度的持续观察与分析，可以全面理解改革措施的实际效果，进而为后续的教育政策提供参考。

在评估方法上，长期跟踪评估应采取多元化的方法，结合定量与定性分析，确保评估结果的科学性与全面性。例如，可以通过问卷调查、深度访谈、案例研究等方式，收集学生、教师、家长以及社会各界对成人学前教育改革效果的看法与建议。同时，利用大数据分析等技术手段，对学生的学习成绩、毕业生就业率等数据进行统计分析，以客观反映教育改革的成效。

长期跟踪评估还应关注改革措施对不同群体的影响。考虑到成人学前教育专业学生背景的多样性，改革措施可能对不同年龄、性别、社会经济背景的学生产生不同的影响。因此，评估过程中需要采取差异化的分析方法，探究教育改革如何在促进教育公平、满足多样化教育需求等方面发挥作用。

建立长期跟踪评估机制还需要高度重视反馈机制的建立与运用。评估结果应及时反馈给教育管理者、教师以及学生，将评估结果转化为教育改革的动力。这不仅需要完善的信息传递系统，也需要建立起开放的沟通平台，鼓励各方面积极参与到教育改革的讨论与实践中，形成共识，推动教育持续改进与发展。

在实践中，长期跟踪评估面临的挑战不容忽视。例如，评估活动需要大量的人力物力支持，如何确保评估的持续性与有效性成为一大难题。再如，长期跟踪评估可能涉及敏感信息的收集与处理，如何在保障个人隐私的前提下进行科学评估也是一个需要解决的问题。因此，建立长期跟踪评估机制不仅需要科学的设计与严谨的执行，还需要社会各界的支持与合作，共同为提升成人学前教育质量、促进教育公平贡献力量。

综上所述，建立长期跟踪评估机制是评估成人高校学前教育改革长远效果和社会影响的重要途径。

五、跨学科合作的推广

成人学前教育作为一个跨学科领域，其专业效果的评估与教育科学研究的融合，需要从多个维度进行深入分析和探讨。这一过程中，跨学科合作显得尤为重要，它能够为构建更有效的评价体系和应用策略提供丰富的资源和多元的视角。

成人学前教育的专业效果评估涉及教学质量、学习成效、课程内容的适宜性等内部因素，还需要考虑到社会需求、文化背景、学习者个体差异等外部因素。因此，构建一个有效的评价体系需要来自教育学、心理学、社会学等多个学科的知识和研究方法。教育学的研究可以为评价体系提供关于教学方法、课程设计等方面的理论支持；心理学的研究可以帮助理解学习者的心理状态、学习动机、个体差异等，为评价体系的人性化设计提供依据；社会学的研究可以从宏观的角度分析社会文化背景、社会需求等对成人学前教育的影响，为评价体系的社会适应性提供指导。

跨学科合作的推广需要一套系统的策略和措施。这包括但不限于建立跨学科合作平台、优化科研评价机制、提供跨学科研究经费支持等。建立跨学科合作平台可以促进不同学科研究者之间的交流和合作，这种平台既可以是线上的，也可以是线下的，关键是要提供一个共享资源、交流思想、开展合作研究的空间。优化科研评价机制，意味着在科研评价中应当给予跨学科研究更多的认可和支持，鼓励研究者走出学科壁垒，开展跨学科研究。提供跨学科研究经费支持是推广跨学科合作的关键，因为跨学科研究往往需要更多的时间和资源，相应的经费支持能有效降低研究者的合作门槛，激发其合作的积极性。

跨学科合作在推广过程中还需要重视研究方法的创新和融合。不同学科有着各自的研究范式和方法论，如何在尊重各学科特点的基础上实现方法论的融合，是跨学科合作研究的重要挑战。这不仅需要研究者具备跨学科的知识背景，还需要他们在研究实践中勇于创新、敢于尝试。例如，在进行成人学前教育效果评估时，教育者可以尝试将教育学的定性研究方法与心理学的实验研究方法结合起来，既可以深入理解学习者的内在体验，又可以通过数据分析验证教育干预的效果。

跨学科合作的推广还需要培养具有跨学科视野的研究人才。这意味着在高等教育和研究生教育中，应当加强对学生跨学科知识和技能的培养，鼓励他们参与跨学科课题和项目，通过实践提高跨学科研究能力。同时，也应当为研究人员提供跨学科研究的培训和学习机会，帮助他们更新知识、拓宽视野、提高研究能力。

综上所述，通过鼓励教育学、心理学、社会学等多学科间的合作研究，可以为成人学前教育的专业效果评估与教育科学研究的融合提供强有力的支持。跨学科合作的推广需要从建立合作平台、优化评价机制、提供经费支持、创新研究方法和培养人才等多个方面入手，以实现更有效的评价体系构建和应用策略的探索。在这一过程中，各学科的研究者需要跨越学科界限，共享资源，合作探索，共同为成人学前教育的发展贡献力量。

第八章　成人高校学前教育与协同育人机制的完善

本章聚焦于成人高校学前教育与协同育人机制的完善，探讨了成人高校学前教育在新时代背景下如何更好地服务社会、与社会服务实现协同发展，以及如何与家庭教育形成有效的指导体系。本章从宏观角度概述成人高校学前教育在服务社会功能与定位的重要性，分析了建立协同发展机制的必要性和可能性，以及成人高校学前教育如何通过与家庭教育的有效结合，共同促进学前教育质量的提升和教育成果的最大化。首先，强调成人高校学前教育在社会发展中的作用和其所承担的职责，指出教育不仅仅是学校的事情，更是社会的事情，需要社会各界的共同参与和支持。然后，讨论成人高校学前教育与家庭教育如何相互配合，建立起一套既符合学前教育规律又贴合家庭教育需求的指导体系，以促进儿童全面健康发展。

第一节 成人高校学前教育服务社会的功能与定位

一、响应社会需求

成人高校学前教育在现代社会发挥着越来越重要的作用，这主要体现在它对社会需求的积极响应上。随着社会经济的快速发展和家庭教育观念的变革，人们对学前教育的需求日益增长，不仅仅是在数量上，更在于质量和多样性上。成人高校学前教育作为教育体系中的一个重要组成部分，其功能和定位也随之发生了深刻的变化。它不再仅仅是提供基础教育的场所，更是满足社会需求、促进社会进步的关键力量。

从劳动市场需求的角度来看，随着经济的发展和产业结构的升级，时代与社会对学前教育人才的需求呈现出多样化和高质化的特点。成人高校学前教育需要密切关注劳动市场的变化，针对性地培养符合市场需求的教育人才。这不仅包括学前教育教师的培养，还应包括园所管理人员、早期教育研究人员等多方面的人才。这些人才不仅要掌握坚实的专业知识，更要具备创新能力和国际视野，能适应快速变化的教育环境和社会需求。

从家庭教育需求的角度来看，随着家庭结构的变化和父母教育观念的更新，现代家庭对学前教育的期望不仅限于看护服务，更重视儿童全面发展和个性化成长的需求。成人高校学前教育需提供多样化的教育内容和方法，帮助家长理解和实践科学的家庭教育理念，促进家庭和学校之间的良性互动，共同为儿童的成长创造有利条件。这要求成人高校学前教育在课程设置、教学方法和教育理念等方面不断创新，以满足家庭多元化的教育需求。

从社会文化需求的角度来看，学前教育不仅是传授知识的过程，更是传播文化、塑造未来优秀公民的重要环节。成人高校学前教育应积极响应这一需求，通过丰富多彩的教育活动，培养儿童的社会责任感、公民意识和文化认同感。这不仅有助于儿童建立正确的价值观和世界观，也为构建和谐社会、促进文化多样性和社会包容性奠定基础。

在全球化趋势下，成人高校学前教育应对国际教育需求做出响应，培养具有国际视野和跨文化交际能力的教育人才，推动学前教育的国际交流和合作，提高我国成人高校学前教育的国际影响力。

成人高校学前教育在服务社会的过程中，应当全面响应劳动市场需求、家庭教育需求和社会文化需求，通过不断优化教育内容和方法，培养高素质的教育人才，为儿童提供全面、多元和高质量的教育服务。这不仅有助于提高教育质量和效率，更能促进社会的和谐发展和文化进步，为构建学习型社会、实现教育现代化做出积极贡献。

二、作为重要组成部分支撑终身教育体系

成人高校学前教育作为终身教育体系的一个重要组成部分，承担着至关重要的角色，不仅要满足成年人个人职业发展的需求，更要推动社会成员的持续学习和个人能力的全面提升。

终身教育体系的核心理念在于“学习无止境”，旨在构建一个全民、全生命周期的学习体系。在这个体系中，成人高校学前教育专业担当着桥梁和纽带的角色，通过为成年人提供系统的学前教育知识和技能训练，使个人能够在职业发展过程中持续进步，同时也为社会的可持续发展贡献力量。这种教育不仅关注个人的职业技能提升，更注重培养学习者的批判性思维、创新能力和解决问题的能力，使之成为适应社会发展需要的高素质人才。

随着社会经济的发展和科技的进步，学前教育从业者的个人职业生涯面临着前所未有的挑战和变化。在这样的背景下，成人高校学前教育通过提供终身学习的机会，帮助成年人不断适应社会变化，更新知识体系，提升个人竞争力。这不仅是个人职业发展的需要，也是社会进步和发展的需要。通过终身学习，个人可以实现自我价值的最大化，人力资源整体素质的提升，也能为推动经济社会的全面发展做出贡献。

成人高校学前教育在服务社会方面还体现在促进社会公平和社会整合上。它通过为不同社会群体提供学习机会，特别是为那些处于不利地位的群体提供学习机会，帮助他们提高生活和工作技能，增强自我发展的能力，从而减少社会不平

等，促进社会的和谐发展。同时，通过共同学习，不同背景的学习者可以相互理解和尊重，增强凝聚力。

综上所述，成人高校学前教育在终身教育体系中的功能与定位是多方面的。随着社会的不断进步和发展，成人高校学前教育的角色和功能也将不断扩展和深化，不仅满足个人职业发展需求，更促进了社会成员的持续学习和个人能力的全面提升。

三、促进社会和谐发展

成人高校学前教育作为教育体系中的重要组成部分，不仅承担着传授知识、培养技能的任务，更具有促进社会和谐发展的独特功能。这一教育阶段，通过开展多元文化的教育内容和活动，为不同社会背景的人群提供了一个交流与融合的平台，成为连接社会多元文化和促进社会和谐发展的重要桥梁。

在全球化的大背景下，社会的多元化特征日益明显，人们的生活方式、文化背景、价值观念等呈现多样性。这种多样性，既是社会发展的动力，也是社会和谐的挑战。成人高校学前教育，通过引入多元文化教育内容，让学习者在了解和接受自己文化的同时，也学会尊重和理解其他文化，促进不同文化之间的相互理解和尊重，为构建和谐社会添砖加瓦。

多元文化的教育内容不仅包括不同国家的语言、历史、艺术等传统文化知识，也涵盖了现代社会的各种生活方式、思维方式、工作方式等，这些内容的教育能够帮助学习者拓宽视野，增进对不同社会群体和文化的了解和认识。成人高校学前教育还可以通过组织多样化的文化活动，如国际节日庆典、多元文化主题讲座、跨文化交流活动等，为学习者提供直接体验不同文化的机会，让学习者在实践中学习和体验不同文化，通过亲身参与和体验，深化对不同文化的理解和认识，增强不同文化背景人群之间的互信和友谊，促进社会的融合与和谐。

除此之外，成人高校学前教育还应致力于培养学习者的跨文化沟通能力和多元文化适应能力。通过课程学习和实践活动，学习者可以掌握有效的跨文化沟通技巧，如何在不同文化背景下进行有效交流和合作，如何在遇到文化冲突时寻求解决方案，如何在多元文化的环境中保持开放和包容的心态。这些能力的培养具有重要意义。

总之，在全球化和社会多元化日益加深的今天，成人高校学前教育在促进社会融合和文化多样性尊重方面的作用不可小觑，应当得到社会各界的充分重视和支持。

四、推动公平教育的高质量发展

在当前社会背景下，随着教育改革的不断深入，公平与高质量成了教育发展的关键词。成人高校学前教育在服务社会的过程中，需要重视其功能与定位，特别是在实现公平教育的高质量发展方面，更需深化理解和创新实践。

成人高校学前教育服务社会的首要功能是培养合格的学前教育师资。这不仅意味着提供专业知识和技能的培训，更重要的是培养教师的责任感、爱心以及创新精神。在教育公平和高质量发展的大背景下，成人高校学前教育还应强化教师的多元文化教育能力，这对于缩小教育差距、促进社会融合具有重要意义。

同时，成人高校学前教育还应推动教育公平的高质量发展，发挥资源整合和创新实践方面的作用。这包括利用现代数字技术手段、发展远程教育和网络学习平台，为偏远地区和经济条件较差的学习者提供更多学习机会。借此打破地域和经济的限制，为更多人提供接受高质量教育的可能，这对于实现教育资源的均衡分配、推动教育公平具有重要意义。

在推动公平教育的高质量发展的过程中，成人高校学前教育还应注重教育内容和教学方法的创新。这意味着课程内容需要更加关注学前儿童的身心发展特点，注重培养儿童的创造力、批判性思维和社会交往能力。教学方法上，应倡导以儿童为中心，采取游戏化、情境化的教学方法，使学习变得更加有趣、有效，这对于提高学前教育质量、促进儿童全面发展具有重要意义。

成人高校学前教育服务社会的过程中，还需要重视与家庭、社区的合作。通过建立家校合作机制，积极引入社区资源，以丰富教育资源，促进家庭教育和学校教育的衔接，为儿童提供一个更加全面、多元的成长环境。这种合作对促进教育公平，提高教育的社会适应性和实效性具有重要意义。

总之，成人高校学前教育在服务社会的过程中，不仅要关注教育质量的提升，更要致力于教育公平的实现。通过培养高素质的学前教育师资、整合和创新教育资源、更新教育内容和方法，以及加强与家庭、社区的合作，为社会培养更多全面发展、具有社会责任感的学前教育人才，为推动公平教育的高质量发展做出积极贡献。

五、推动创新与发展

在当前这个迅速变化的社会中，教育的角色和形式也在不断地发展和变化，尤其是学前教育，作为儿童成长过程中的首个正规教育阶段，其重要性不言而喻。成人高校作为一种特殊的教育形式，通过提供学前教育专业的课程和培训，不仅可以为社会输送专业的学前教育人才，更有能力成为推动学前教育创新与发展的重要驱动力。

成人高校通过引入新的教育理念来促进学前教育的创新。在传统的教育模式中，教师往往扮演着知识的传递者的角色，学生则是被动接受者。然而，随着教育理念的更新，越来越多的教育者开始认识到，教育应该是一个互动和探索的过程，孩子们的天性和兴趣应该被充分重视。成人高校在这一理念的引导下，可以培养一批具有新观念的学前教育工作者，他们更加注重儿童的个体差异，能设计出更具创新性和吸引力的教育活动，从而激发儿童的学习兴趣和创造力。

成人高校在教学方法上的创新，也是推动学前教育发展的一个重要方面。随着科技的进步，数字化教学资源和工具变得越来越丰富，这为教学方法的创新提供了可能。成人高校可以引入这些新技术，如虚拟现实技术等，将它们融入学前教育的教学过程之中。这种教学方法的创新，不仅能提高教学效率，更能为儿童提供更加丰富多彩的学习体验，帮助他们在探索和游戏中学习，从而更好地全面发展。

成人高校在推动学前教育发展方面的另一个重要作用是，可以作为学前教育创新实践的试验场。成人高校通常拥有较为宽松的教育环境和较强的资源整合能力，可以吸引和集聚各方面的教育创新资源。通过与幼儿园、早教中心等学前教育机构的合作，成人高校可以开展各种教育创新项目和实验，探索更多适合儿童发展的教育模式和方法。

成人高校通过培养创新型人才，为学前教育领域注入了新鲜血液。这里的创新型人才不仅指具有创新教学方法和理念的教育工作者，也包括能进行学前教育研究、开发新型教育工具和内容的专家和技术人员。这些人才的加入，可以持续推动学前教育领域的研究和实践创新，形成良性循环，不断提升学前教育的整体水平和教学效果。

未来，随着社会的不断进步和教育技术的不断革新，成人高校在学前教育领域的作用将会更加凸显，为儿童的成长和发展提供更加坚实的支撑。

第二节　成人高校学前教育与社会服务协同发展的机制构建

一、多方协作框架

（一）政策支持与指导

相关政策的支持与指导在成人高校学前教育与社会服务协同发展中是至关重要的。这些政策和法规包括促进学前教育普及和提高服务质量的具体措施，同时也应当规范成人高校与社会服务机构之间的合作关系，确保合作的顺利进行和效果的达到。相关监督机制的建立也很重要，包括对成人高校学前教育和社会服务项目的监督检查，以及对经费使用情况的审计和评估等。另外，成人高校加强学前教育和社会服务的融合还需要必要的经费支持，这包括直接拨款支持成人高校开展学前教育和社会服务项目，以及为相关机构提供奖励或补贴等激励措施。培训和交流活动等方式，也能提升成人高校学前教育和社会服务工作人员的专业水平和服务意识，从而进一步推动协同发展。同时，政府还可以加强对相关研究和实践的支持，促进成人高校学前教育与社会服务领域的创新和发展。总之，各级政府与相关政策的支持与指导在成人高校学前教育与社会服务协同发展中发挥着不可替代的作用。

（二）教育机构发挥主体作用

成人高校在学前教育与社会服务协同发展中具有重要地位和责任。作为教育机构，成人高校应当积极主动地参与多方协作，发挥其在学前教育和社会服务领域的专业优势，为推动社会的全面进步和人才培养做出积极贡献。成人高校可以依托其丰富的教学资源和师资力量，开展学前教育课程的设计和培训。通过专业的教学团队和教学设施，提供高质量、有针对性的学前教育培训，满足不同群体的学习需求。成人高校可以组织学生、教师等参与社会服务活动，促进学生的全面发展。通过参与各种社会服务项目，学生能够将所学知识与实践相结合，提升专业技能和实践能力。同时，这也有助于培养学生的社会责任感和团队合作精神，使他们成为具有担当和创新精神的优秀公民。成人高校还可以与相关社会机构合作，共同开展学前教育和社会服务项目。通过与幼儿园、社区服务中心等机构的合作，成人高校可以更好地了解社会需求和发展趋势，为其提供更有针对性的教育和服务。同时，这也为学生提供了更广阔的实践平台和就业机会，促进了学校与社会的深度融合。

（三）企业参与促进资源共享

企业在成人高校学前教育与社会服务的协作框架中扮演着至关重要的角色。通过积极参与，企业不仅可以实现自身的可持续发展，还能为社会培养更多有才华、有责任感的人才，共同促进社会的进步和发展。企业可以通过提供实践场所和教学设备、技术支持来支持成人高校的学前教育项目。许多学前教育课程需要学生进行实地实习或者实践活动，而企业拥有丰富的实践资源，可以为成人高校提供实践场所，如工厂、实验室、医院等，让学生有机会亲身参与到实际工作中，提升他们的实践能力和专业技能。企业与成人高校可以合作开展实践教学项目，为学生提供更多的实践机会和就业岗位。通过与企业的合作，成人高校可以设置更加贴近实际需求的课程，开设行业认可的实践项目，帮助学生更好地适应职场需求。同时，企业也可以为学生提供就业机会，开展校企合作的实习计划或者毕业生培训计划，让学生在校期间就能与企业接轨，顺利就业。企业还可以通过提供赞助、捐赠款项、物资或者提供志愿者等形式来支持学校的社会服务项目，如义务教育支持计划、社区服务活动等。这不仅有助于企业履行社会责任，树立良好的企业形象，也能为学校的社会服务项目提供更多的支持和帮助，共同促进社会的发展和进步。

（四）社会组织积极参与服务社区

在建立成人高校学前教育与社会服务协同发展的多方协作框架中，社会组织的积极参与至关重要。社会组织具有灵活性、专业性和服务性等特点，在推动学前教育和社会服务方面发挥着不可替代的作用。社会组织可以通过积极组织志愿者服务团队来参与学前教育和社会服务项目的实施与推广。志愿者团队可以由具有相关专业背景或者对教育事业充满热情的志愿者组成，他们可以在成人高校开展的学前教育课程中担任辅导员或者助教，为学生提供个性化的辅导和支持。同时，志愿者团队还可以参与社区活动，开展家庭访问和社区宣传，提高学前教育的认知度和参与度。社会组织可以组织各类公益活动，促进学前教育资源在社区的共享和传播。比如，社会组织可以举办学前教育主题的宣传活动或者展览，邀请专家学者开展讲座和交流，向社区居民普及学前教育的重要性和方法。同时，社会组织还可以开展家庭教育指导服务，为家长提供关于儿童成长、教育方法等方面的咨询和帮助，提升家庭教育水平，为儿童的全面发展提供更好的环境和支持。社会组织还可以与政府、教育机构和企业合作，共同推动学前教育和社会服务项目的开展。通过建立联合工作组织或者协调机构，各方可以分享资源、整合力量，提高项目的执行效率和效果。例如，社会组织可以与企业合作开展社会责任项目，为贫困地区或者特殊群体提供学前教育和培训服务，提升他们的就业能力和生活质量。

总的来说，社会组织在成人高校学前教育与社会服务协同发展中扮演着不可或缺的角色。通过积极参与学前教育和社会服务项目，社会组织可以促进教育资源的共享和传播，提升社区居民的教育水平和生活质量，为社会的全面进步和可持续发展做出积极贡献。综上所述，通过以上多方协作框架的建立，成人高校及社会各界的力量可以共同发挥各自的作用，形成合力，推动成人高校学前教育与社会服务的协同发展，为促进社会的全面进步和人才培养做出积极贡献。

二、资源共享机制

（一）建立开放共享的资源库

在成人高校建立开放共享的资源库对于促进学前教育与社会服务的协同发展

至关重要。这一资源库不仅仅是简单的信息汇聚，更是一个开放、共享、多元的平台，旨在为教师、学生、社会工作者等相关人员提供丰富多样的教学资源、教学资料、经验分享、实践案例等，从而达到提升教育质量、促进社会服务的目的。这个资源库将汇集学前教育相关的丰富资源，包括但不限于教学资源、教学资料、教学方法、教学案例等。这些资源将来源于多个渠道，包括学校内部的教学成果、教师的教学经验、学生的学习成果，以及来自外部的学术研究成果、社会实践案例等。通过将这些资源进行归纳整理，并以开放的方式共享，可以使得这些宝贵的资源得到更广泛的传播和利用，避免了资源的孤立和封闭。通过资源库，学校可以与社会各界建立紧密联系，吸引更多的专家学者、行业精英参与到学前教育工作中来，共同为学前教育的发展贡献力量。同时，资源库的建立也有利于促进产学研合作，将科研成果转化为实际教学资源，推动学前教育教学内容与方法的创新，提高教学水平。总之，建立开放共享的资源库是成人高校促进学前教育与社会服务协同发展的重要举措。这一举措不仅可以为教育工作者和学生提供更多更好的资源支持，也有利于促进教育与社会服务的深度融合，从而推动学前教育事业的不断发展与进步。

（二）促进教育资源、科研资源与社会服务资源的互通有无

促进教育资源、科研资源与社会服务资源的互通是成人高校学前教育与社会服务协同发展的关键之一。这种互通不仅可以提高教育的质量和效益，还可以促进教学内容和方法的创新，从而推动整个学前教育体系的发展。教育资源、科研资源和社会服务资源的相互补充与互通，能为成人高校学前教育注入新的活力。通过建立资源共享机制，学校可以与各界专家学者、行业精英建立紧密联系，吸引更多的人才参与到学前教育工作中来。专家学者们不仅可以为学校提供学术支持和指导，还可以为教师提供专业培训和指导，从而提高教师的教育水平和专业素养。与此同时，行业精英们也可以为学校提供实践经验和案例分享，为学生提供实习和就业机会，从而促进学生的全面发展和就业能力的提升。学校可以通过积极开展产学研合作，将科研成果转化为实际教学资源，推动学前教育教学内容与方法的创新，提高教学水平。在当前知识经济和信息化时代，科技创新对于教育的重要性日益凸显。因此，成人高校应积极与科研机构和企业进行合作，将科

研成果与学前教育相结合，开发适合成人学生的教学资源和教学工具，以满足不同学生的学习需求。同时，学校还可以通过开展教育科研项目和课题研究，探索适合成人学生的教学方法和教学模式，促进教学内容和方法的创新，提高教学质量和效益。资源共享机制可以为社会服务提供更加便捷的途径和方式。随着社会经济的不断发展和人民生活水平的不断提高，社会对于学前教育的需求也越来越大。因此，成人高校应积极参与社会服务，为社会提供优质的教育服务和咨询服务。通过与社会各界的合作和交流，学校可以更加深入地了解社会的需求和诉求，为社会提供更加贴近实际的教育服务和咨询服务，从而促进社会的全面发展和进步。

（三）提高资源利用效率

资源共享机制在成人高校学前教育与社会服务协同发展中扮演着至关重要的角色，其核心目标是提高资源利用效率，避免重复开发相似的教学内容、项目或服务，从而节约了大量的人力、物力和财力资源，促进资源的优化配置和合理利用。例如，某一高校在教学方面具有丰富的经验和资源，另一高校则在科研和社会服务方面更为突出，两者可以通过资源共享机制进行合作，共同开展学前教育项目，实现优势互补，提高整体效益。资源共享机制还有助于实现资源的最大化利用。资源共享机制的建立不仅可以促进成人高校学前教育与社会服务的协同发展，还可以为广大学生提供更为丰富的学习资源，为社会提供更优质的服务，推动整个学前教育体系的不断完善和发展。

三、服务项目创新

（一）社区教育项目

社区教育项目在成人高校的实施是一项重要而有意义的工作。随着社会的发展和进步，人们对知识、技能和文化的需求越来越多样化，而传统的教育模式往往无法完全满足这种多样性的需求。因此，成人高校积极开展面向社区的教育项目，成为一种必然选择。社区教育项目的目标是满足不同年龄层次和背景的社会成员的学习需求。社区居民来自不同的社会群体，他们可能是年轻的父母、青少年学生、退休老人等，他们的学习需求和兴趣爱好各不相同。因此，成人高校开设的社区教育项目应当具有多样性和灵活性，能够根据社区的实际情况和需求，为不同人群提供个性化的学习服务。社区教育项目应当涵盖知识、技能和文化等多个方面。现代社会对个人的综合素质要求越来越高，仅仅具备一种或几种特定的技能或知识已经不能满足人们的发展需求。因此，成人高校开设的社区教育项目应当涵盖多个学科领域，包括但不限于语言、数学、科学、艺术、体育等，以及一些实用性强的技能培训课程，如计算机应用、烹饪技艺、家庭管理等。另外，社区教育项目的内容应当紧密贴近社区居民的实际生活和工作需求，如家庭教育、健康生活、文化艺术等。这些课程不仅可以提高社区居民的生活质量，还可以增强他们的社会责任感和文化素养，促进社区的文明建设与和谐发展。社区教育项目的实施需要积极倡导和组织社区居民的参与。成人高校可以通过建立社区教育中心或设立社区学习小组等形式，鼓励和引导社区居民参与到教育活动中来。这不仅可以增强社区居民的学习动力和自主性，还可以促进社区居民之间的交流与合作，增强社区凝聚力和归属感。

（二）远程教育项目

随着科技的飞速发展，远程教育已经成为满足社会多样化教育需求的一种重要手段。成人高校在这一领域扮演着关键的角色，利用数字技术开展在线教育项目，能为更广泛的人群提供便捷的学习机会。这种教育模式不受地域和时间的限制，为那些无法参加传统课堂教学的人士提供了极大的便利。教育项目通过建设高质量的在线教育平台，为学习者提供了便捷而丰富的学习环境。这些平台通常采用先进的技术和用户友好的界面，使学习者能够轻松地访问课程内容、参与讨论、提交作业等。通过多媒体技术，如视频、音频、图像等，教育内容得以生动展现，增强了学习的吸引力和效果。远程教育项目的课程内容丰富多样，能够满足不同人群的学习需求。成人高校可以根据社会的实际需求和学习者的兴趣特点，设计并提供各种类型的课程，涵盖从基础知识到专业技能等多个方面。无论是想要继续教育提升自我，还是为了职业发展需要，学习者都可以找到适合自己的课程，实现个人的学习目标。

远程教育项目还促进了教育资源的均衡共享。传统上，一些优质的教育资源可能集中在一些发达地区或名校之中，而远程教育打破了地域限制，使得这些资源可以被更广泛地分享和利用。通过网络，学习者可以随时随地接受来自全球各地的优质教育资源，弥补了地域之间教育资源分配不均的问题，促进了教育的公平与包容。不仅如此，远程教育项目还为成人高校带来了新的发展机遇。通过拓展线上教育市场，成人高校可以吸引更多的学习者，提高知名度和影响力。同时，结合大数据和人工智能等技术，可以实现个性化的教学和学习服务，提升教学效果和用户体验。远程教育项目为成人高校学前教育与社会服务协同发展提供了重要支撑。通过利用数字技术，建设高质量的在线教育平台，提供丰富多样的课程内容，促进教育资源的均衡共享，远程教育不仅为学习者提供了便利和机会，也为成人高校的发展带来了新的动力和机遇。

（三）职业技能培训项目

职业技能培训项目在成人高校的发展中扮演着重要的角色，因为社会对于具备实际技能的人才的需求日益增长。这种培训项目不仅能够帮助成人学习者提升就业竞争力，还可以为他们的职业发展打下坚实的基础。职业技能培训项目的开展需要对当前就业市场的需求进行深入调研和分析。这包括对各行业的发展趋势、技能要求和人才缺口等进行全面了解。通过与企业、行业协会等建立紧密联系，成人高校可以获取最新的行业信息，确保培训项目的针对性和实用性。针对不同行业和岗位的需求，成人高校可以设计并开设一系列的职业技能培训课程。这些课程内容应当紧密围绕着实际工作中所需的技能和知识，注重培养学习者的实践能力和解决问题的能力。例如，在数字技术领域可以开设网络安全、软件开发等课程，在制造业可以开设数控技术、机械维修等课程，在服务业可以开设客户服务、市场营销等课程。此外，职业技能培训项目应当注重与企业和行业的合作。成人高校可以与企业建立实习基地或者校企合作机制，为学习者提供实践机会和岗位培训。通过与企业紧密合作，成人高校可以更好地了解企业对于人才的需求，调整和优化培训项目，提高学习者的就业竞争力。在教学方法上，职业技能培训项目可以采用案例教学、实践教学等多种形式，注重培养学习者的实际操作能力。通过模拟实际工作场景、组织项目实践等方式，学习者能够更加深入地理解所学知识，并能够灵活运用于实际工作中。成人高校在开展职业技能培训项目时，还应当注重学习者的个性化需求。不同学习者的背景、能力和职业目标可能存在差异，因此培训项目应当灵活设置，提供多样化的选修课程和学习路径，以满足不同学习者的需求。

（四）社会公益项目

成人高校在开展社会公益项目方面扮演着重要角色。这些项目不仅仅是对社会的一种回馈，更是教育与社会服务深度融合的体现，对学生个人成长和社会责任感的培养具有重要意义。这些项目涵盖了多种形式的活动，从义工培训到环保教育，再到健康宣传，各个方面都为社会发展和公众福祉做出了积极贡献。义工培训项目是成人高校社会公益活动的重要组成部分之一。通过这样的项目，学生不仅可以学习到实践技能，更可以在服务他人的过程中培养出无私奉献的精神。义工活动可能涉及社区清洁、陪伴孤寡老人、儿童教育等各个方面。通过这些活动，学生可以感受到服务他人的乐趣，增强对社会的责任感和使命感。环保教育项目是培养学生环保意识和实践能力的重要途径。随着环境问题日益突出，环保意识的普及和实践至关重要。成人高校可以组织学生参与环保活动，如植树造林、垃圾分类、节能减排等。通过这些活动，学生不仅可以了解到环保的重要性，更可以亲自动手参与其中，体验到环保行动的意义和乐趣。另外，健康宣传项目也是成人高校社会公益活动的重要组成部分。健康是人民幸福生活的基础，而健康知识的普及和健康生活方式的推广是至关重要的。成人高校可以组织健康知识讲座、体检活动、健身运动等各种形式的活动，向社会传递健康理念，提高公众健康意识。通过这些活动，学生不仅可以了解到健康知识，更可以将所学知识传播给更多的人，为社会的健康事业贡献自己的力量。

（五）跨学科项目

跨学科项目是一种融合多个学科领域知识和方法的教育模式，旨在提供更广泛、更综合的学习机会，培养学习者的综合素养和创新能力。在成人高校的学前教育与社会服务协同发展中，开展跨学科项目具有重要意义。这样的项目不仅能够满足社会多样化的教育需求，还能够促进知识的整合与创新，为学习者的个人发展和职业规划提供更多选择。跨学科项目的开展为学习者提供了更丰富的学习资源。传统的学科划分可能会限制学习者的学习范围，而跨学科项目能够打破这种限制，将不同学科领域的知识资源整合起来，为学习者提供更广泛、更多样化的学习内容。比如，一个涉及科学、艺术和社会学的跨学科项目可以帮助学习者从多个角度了解同一个问题，拓展他们的认知边界，培养出更全面、更综合的思维能力。跨学科项目有助于促进知识的交叉融合与创新应用。不同学科领域之间常常存在着交叉点和共通之处，通过跨学科项目的开展，可以促进不同学科之间的交流与合作，激发出新的思想火花。学习者在跨学科项目中将接触到来自多个学科的理论和实践，这有助于他们建立起更为立体和全面的知识结构，培养出创新思维和解决问题的能力。比如，一个结合工程学、社会学和经济学的跨学科项目可以探讨城市化进程中的环境、社会和经济问题，并提出跨学科的解决方案，推动城市可持续发展。跨学科项目还可以培养学习者的团队合作和沟通能力。在跨学科项目中，学习者通常需要与来自不同学科背景的同学合作，共同解决复杂的问题。这种合作过程既能够促进学习者之间的交流与理解，又能够培养他们的团队合作和协作能力。通过共同努力完成跨学科项目，学习者们不仅能够取得更好的学习成果，还能够结识到各个领域的专业人士，为他们今后的学习和职业发展打下坚实的基础。

通过以上服务项目的创新，成人高校能够更好地满足社会多样化的教育需求，促进学前教育与社会服务的协同发展，实现教育资源的有效整合和优化利用，推动社会教育事业的健康发展。

四、质量监督体系

为了确保成人高校学前教育与社会服务协同发展的质量，建立一套有效的质量监督体系显得尤为关键。这不仅能够确保服务质量，还能提升社会服务的有效性和影响力。本章旨在探讨如何构建这样一个质量监督体系，以促进成人高校学前教育与社会服务的协同发展。

质量监督体系的构建需要以确保教育质量和服务质量为核心。这意味着监督体系不仅需要关注教育内容的质量，还要关注教育过程和结果的质量。在教育内容方面，需要确保成人高校提供的学前教育课程符合国家教育标准，能够满足儿童发展的需求。在教育过程中，要保证教学方法科学有效，能够激发儿童的学习兴趣和潜能。在教育结果上，应通过定期的评估和考核，确保学前教育达到了预期的教育目标，促进了儿童的全面发展。

质量监督体系的构建需要建立在多方参与的基础上。这意味着不仅成人高校本身要参与到质量监督中来，家长、社区和政府等相关方也应该参与进来。成人高校应该定期向社会公布教育质量报告，接受社会的监督和评价。家长作为儿童教育的直接受益者，应该有权了解学前教育的质量情况，并提出建议和反馈。社区和有关部门则应该提供必要的支持和监管，确保成人高校能在良好的环境中提供高质量的学前教育服务。

质量监督体系的构建需要依靠科学有效的评估方法。这包括但不限于教育质量的自我评估、同行评审、第三方评估等方法。通过这些方法，可以从不同的角度、不同的层面对成人高校学前教育的质量进行全面的评价和监督。同时，还应该建立起一个信息反馈机制，将评估结果及时反馈给相关方，以便及时调整和改进教育策略和措施。

质量监督体系还应该强调持续改进和创新。教育和社会服务的需求在不断变化，因此，成人高校提供的学前教育服务也需要不断地进行自我更新和创新，以适应社会的变化。质量监督体系应该鼓励和支持成人高校在教育教学方法、课程内容、服务模式等方面进行创新，通过持续改进提升教育和服务质量。

建立有效的质量监督体系还需要有明确的法律和政策支持。政府应该制定相关的法律法规，明确成人高校学前教育的质量标准和监督要求，为质量监督体系的实施提供法律依据。同时，还应该提供必要的政策支持和资源投入，帮助成人高校提升教育和服务质量，促进其与社会服务的协同发展。

总之，构建成人高校学前教育与社会服务协同发展的质量监督体系，是一个复杂而又必要的过程，这需要成人高校、家长、社区、政府等多方的共同努力和参与，依靠科学有效的评估方法、持续的改进和创新，以及明确的法律和政策支持。只有这样，才能确保成人高校学前教育与社会服务协同发展的质量，提升其有效性和影响力，更好地满足社会和儿童发展的需求。

五、效果反馈与评估

在探讨成人高校学前教育与社会服务协同发展机制构建的过程中，效果反馈与评估环节起着至关重要的作用。这一环节不仅涉及对已实施项目的效果进行监测和评价，更关键的是要通过评估结果对发展策略进行相应的调整，以实现项目的持续改进和优化。这种循环往复的过程，确保了协同发展项目能不断适应变化的环境，满足社会和教育需求的不断进步。

定期的效果反馈与评估能够为成人高校学前教育与社会服务协同发展提供实时的进度监控和质量保障。通过设定明确的评估指标和采用科学的评估方法，可以客观地反映协同发展项目的执行情况和成效，帮助相关人员及时发现问题和不足。这些评估指标可以涵盖项目实施的各个方面，如项目参与者的满意度、教育质量的提升、社会服务的效率和效果等，从而全面地反映项目的执行效果。

根据评估结果调整发展策略，是确保协同发展项目持续有效运行的关键。评估不仅仅是一种总结和回顾，更重要的是要将评估结果转化为实际的行动计划，对发现的问题和不足进行针对性的改进。这可能涉及调整项目的目标、策略或是执行过程，也可能需要对项目的资源配置和管理方式进行优化。只有通过这样的持续调整和改进，协同发展项目才能更好地适应外部环境的变化，不断提升其自身的效果和影响力。

同时，有效的效果反馈与评估还需要建立在强有力的信息反馈机制之上。这要求成人高校和社会服务机构能够建立起一套高效的信息收集、处理和反馈系统，确保所有相关信息能够及时准确地被收集和分析。此外，还需要确保评估的过程是开放和透明的，鼓励所有参与者积极提供反馈意见，共同参与到评估和改进过程中来。这种共享信息、共同参与的模式，有助于增强项目参与者的责任感和归属感，从而提高项目的执行效率和效果。

在实施效果反馈与评估的过程中，还需要注意方法的多样性和灵活性。评估方法可以包括定量研究和定性研究两种基本类型，如通过问卷调查、数据分析等方法进行定量评估，通过访谈、案例研究等方法进行定性评估。同时，评估的周期也应该根据项目的特点和需求灵活设定，既可以是项目实施的中期或末期，也可以是项目实施过程中的定期评估。这种灵活多样的评估方法和周期，有助于更准确地把握项目的实施效果，及时调整改进策略。

综上所述，效果反馈与评估是成人高校学前教育与社会服务协同发展机制构建中不可或缺的一环。通过定期的效果监测和评价，不仅可以确保项目的质量和效果，还可以通过评估结果对发展策略进行及时有效的调整，实现项目的持续改进和优化。这要求建立起一套科学合理的评估指标体系和方法，同时确保评估过程的开放性、参与性和灵活性。只有这样，才能真正实现成人高校学前教育与社会服务协同发展的目标，促进教育资源的有效利用，提升社会服务的质量和效率，更好地满足社会和教育的发展需求。

第三节　成人高校学前教育专业家庭教育指导人才培养体系的构建

在教育领域，家庭教育指导人才体系的构建，是目前研究的重点之一。成人高校作为学前教育专业人才培养的重要基地，应全力推进家庭教育指导服务体系建设，实现更高层次的协同育人目标。

一、家庭教育指导课程体系的完善

成人学生作为学前教育的实践者，他们的理论与实践的结合紧密、及时，学习效果的呈现以及问题反馈也很快速。成人高校学前教育专业家庭教育指导人才培养体系的构建，是全社会家庭教育指导服务体系一体化建设的必要补充。成人高校学前教育专业学生的责任不仅体现在教学工作上，更在于对儿童全面发展的关注和促进。他们需要根据学前教育的特点和要求，不断提升自己的专业知识和教学技能，利用恰当的教育方法和手段，关注儿童的个性发展，提供个性化的教育指导。同时，还需要与家长建立有效的沟通和合作关系，共同关注和支持儿童的成长，为家庭教育提供专业的指导和支持。

在理论层面，家庭教育指导能力培养机制的构建需要借鉴社会文化理论、系统理论和生态系统理论等多种学术观点。社会文化理论强调了社会环境对个体发展的影响，指出教育不仅仅发生在学校，家庭和社会的每一个环节都是教育的重要组成部分。系统理论则从宏观角度出发，认为家庭教育和学前教育应当被视为一个整体的系统，其中任何一个部分的变化都会影响到整个系统的运作。而生态系统理论更加注重个体与环境之间的互动关系，主张在育人过程中要充分考虑个体所处的多重环境系统。

在实践层面，家庭教育指导实习是提升学生家庭教育指导服务能力的重要途径。学生在参与家庭教育指导中，通过观察和实际指导等活动深入理解家庭教育的实际需求和挑战，生成能够针对不同家庭情境提出有效教育建议的能力及个性化的专业智慧。如，学生被安排到一个面临学龄前儿童教育问题的家庭，通过对家庭的观察，该学生发现孩子在情感表达和社交技能方面存在缺陷，在指导过程中，该学生运用从课堂上学到的理论知识，比如通过游戏和日常交流活动促进孩子情感的表达和社交技能的发展，并创新性引入一系列互动式学习工具和方法，如故事讲述和角色扮演游戏，以吸引孩子的兴趣并促进其技能的提升。

家庭教育作为交叉学科，除了讲授原有的家庭教育课程，还应打破专业边界、校际边界，打造资源融通的超大学习公社，以混合式学习为主要形式，共享优质教育，以快速提升学生的学习力和家庭教育指导能力为目标，增设学前教育专业家庭教育指导能力微专业，以补充理论与实践课程设计的不足，实现理论与实践能力的齐抓共管。

二、评估与反馈系统

成人高校学前教育作为教育体系中一个独特的组成部分，承担着培养未来幼儿教育工作者的重要任务。为了确保教育质量，建立一套有效的评估与反馈系统尤为重要。这样的系统不仅能够监督教育质量，确保教育政策和法规得到正确实施，还便于教育者及时发现问题并做出相应调整，以适应社会发展和教育需求的变化。

评估机制的建立是保障教育质量的基石，定期的教育质量评估是评估机制中最为核心的环节。这一过程通常由内部和外部两个层面构成。内部评估侧重于学校内部的教学质量、课程设置的合理性、教学资源的利用效率，以及教师和学生的满意度等方面。这需要学校建立一套完善的自我评价体系，定期对教学活动进行监控和自我检查。外部评估则是由教育主管部门或者第三方专业机构进行，重点评估学校的教育质量是否符合国家或地区的教育标准、学校的教育政策和法规实施情况，以及学校的教育成果等。

评估过程中，采用多元化的评价指标和方法是提高评估效果的关键。这些指标和方法包括但不限于学生的学习成绩、毕业后的就业情况、教师的教学效果、学生和教师的满意度调查以及校友反馈等。通过这些多维度的评价，可以全面地了解学校的教育质量和教育政策法规实施的效果，为后续的政策调整提供依据。

问题反馈和政策调整是评估与反馈系统的另一个重要组成部分。评估过程中发现的问题需要及时反馈给相关的决策者和执行者。这不仅包括学校的管理层和教师，还包括教育主管部门和政策制定者。问题反馈应当及时和具体，能指出问题的具体所在，并提供可行的解决方案或改进建议。

在问题反馈的基础上，相关部门和机构需要根据评估结果和反馈信息，及时进行政策调整。政策调整旨在解决问题，优化教育政策和法规，提高教育质量。这一过程可能涉及课程设置的调整、教学方法的改进、资源分配的优化，以及教育政策的更新等方面。政策调整应当是动态的，能灵活地应对教育环境和需求的变化。

建立有效的评估与反馈系统还需要强调信息的透明化和公开化。这意味着评估结果和政策调整的信息应对所有利益相关者开放，包括学生、教师、家长以及社会公众。信息的公开可以提高教育政策实施的透明度及社会对教育质量的信心，同时促进社会各界对教育质量提升的参与和监督。

因此，成人高校学前教育政策法规实施的评估机制和反馈过程是确保教育质量、促进教育公平、适应社会发展需求的重要保障。通过定期的教育质量评估、问题反馈和政策调整，可以建立起一个动态调整、持续优化的教育改进机制，为学前教育领域培养更多合格的人才，为社会的发展做出更大的贡献。

三、持续改进机制

成人高校学前教育与家庭教育指导体系的建设面临着前所未有的挑战和机遇。随着科技进步、经济社会发展，以及家庭结构和价值观的变化，传统的教育模式和政策法规需要不断地审视和更新，才能有效地适应教育发展的新需求。

持续改进机制的核心在于强调政策法规需要根据教育实践和社会发展的变化

进行定期的审查和更新。这意味着，教育决策者和实践者需要不断地关注和分析国内外教育趋势、技术进步、社会经济变化，以及家庭结构和功能的转变，评估现行政策法规在新环境中的适应性和有效性，并基于这些分析和评估进行必要的调整和改革。

首先，实现持续改进的第一步是建立有包容性的政策审查和更新机制，聚集来自政府、学术界、教育界、家庭和社会各界的意见和建议。通过定期召开政策审查会议、工作坊和公众咨询活动，收集各方面的反馈和建议，确保政策制定过程的透明性和参与性。这样的机制不仅有助于识别和解决现行政策中的问题，还能提高政策改革的社会接受度和实施效果。

教育者要将科研活动作为提升教师家庭教育指导能力的关键，通过鼓励教师参与教育教学改革、微专业开发等研究，发掘和培养教育领域的骨干力量，也为教育实践提供理论支撑，营造浓厚的科研氛围。同时，要做好成果转化工作，完善家庭教育指导手册及可视化流程，丰富成果经验数据库。

其次，教育者要建立一个以数据和证据为基础的政策分析框架。这个框架应当系统地收集和分析与成人高校学前教育与家庭教育指导相关的数据，包括学习成效、教育质量、家庭参与度、社会变化趋势等方面的信息。通过对这些数据的深入分析，可以识别出教育体系中存在的问题和不足，评估不同政策选项的潜在影响，从而为政策制定和更新提供科学依据。

持续改进机制还应包括定期的政策实施评估和反馈环节。这意味着，在新政策法规实施之后，应当定期对其执行情况进行检查和评价，确保其实施效果符合预期目标。这一过程不仅需要定量的成效评估，还应当包含定性的分析，如政策实施过程中遇到的困难、执行中的创新做法，以及受教育者和家庭的反馈等。这样的评估和反馈机制有助于及时发现问题、总结经验教训。在此基础上，必要时，政策要进行调整和优化。

为了实现相关机制的持续改进，成人高校要优化教师队伍结构，提高高校学前教育家庭教育指导教师资格条件，把家庭教育指导师资格要求纳入入口管理，有效引导学校和社会认知；有针对性地为在职人员提供丰富的职后培训机会，增加双师型教师比例；适当提高交叉学科领域的核心人才比例，培植家庭教育指导共同体，打造一支有强大实战能力的教师队伍。

此外，加强国际交流与合作也是持续改进机制的重要组成部分。在全球化的背景下，许多教育挑战和问题具有普遍性。通过与其他国家和地区的教育机构进行交流和合作，分享经验和最佳实践，可以为本国教育政策的改革和创新提供新的视角和灵感。这不仅有助于提高教育政策的前瞻性和创新性，还能够促进国际教育合作和交流，为教育的全球化发展做出贡献。

最后，建立一个灵活适应的教育培训体系对持续改进机制的成功实施至关重要。这意味着，教育工作者和家庭教育指导者需要不断更新他们的知识和技能，以适应教育政策和实践的变化。通过提供定期的专业发展培训、研讨会和在线学习资源，可以确保教育人员掌握最新的教育理论、技术和方法，有效地实施教育政策，提高教育质量。

总之，通过建立一个涵盖政策审查和更新、数据和证据分析、实施评估和反馈、国际交流与合作，以及教育培训等多个方面的持续改进机制，可以确保成人高校学前教育与家庭教育指导体系能有效应对教育发展的新挑战，不断提升教育质量和效果，为社会培养出更多具备全面发展能力的人才。这一过程虽然复杂且充满挑战，但通过各方面的共同努力和持续的创新，可以为构建更加公平、高效和可持续发展的家庭教育人才培养体系做出重要贡献。

综上所述，协同育人机制的建立与完善是一个复杂而又必要的过程。它不仅关系到儿童的健康成长和全面发展，也是提高教育质量、实现教育公平的重要途径。通过不断探索和实践，我们有理由相信，未来的家庭教育和成人高校学前教育将会实现更加紧密的合作，共同培养出更多优秀的下一代。

第九章　国际视野下成人高校学前教育转型的经验

本章过全球视角探讨成人高校学前教育的转型过程，旨在深入理解和吸收国际上成功的教育模式和实践经验，以促进国内成人高校学前教育的改革和发展。本章不局限于单一国家或地区的经验，而是广泛搜集和分析了多国成人高校学前教育的发展趋势、特点和成功案例，重点在于如何将国际经验与中国的实际情况结合，实现本土化应用。首先，本章概述了国际成人高校学前教育的主要发展趋势与特点，揭示了不同国家在应对教育挑战、满足社会需求、利用技术革新等方面的独特做法和成效。其次，探讨了国际先进经验如何为中国成人高校学前教育提供借鉴，特别是在课程体系构建、教学方法创新、师资队伍培养、评价机制改革等方面的具体应用。最后，强调了国际合作与交流在成人高校学前教育转型中的重要作用，包括通过国际合作项目、学术交流、跨国研究等方式，促进知识与经验的共享，提升教育质量和国际竞争力。

第一节　国际成人高校学前教育的发展趋势与特点

一、全球化趋势加强

随着全球化趋势的加强，成人高校学前教育正日益成为教育国际化的重要组成部分。这一趋势不仅体现在教育内容和教学方法上，也体现在教育理念和目标上。成人高校学前教育正在不断融入全球化教育体系中，这一点从强调跨文化能力的培养和增加国际交流的机会可以看出。

全球化对教育的影响是多方面的。首先，它要求教育内容更加国际化，以适应全球经济和文化的发展需求。在成人高校学前教育中，这意味着课程内容不仅要涵盖传统的教育理论和实践技能，还要包括全球教育理念、跨文化交流技能和国际教育政策等。通过这种方式，学生不仅能够了解不同国家和地区在学前教育方面的发展现状和经验，还能够培养出适应国际化背景下工作的能力。

全球化趋势加强了跨文化能力的培养。在全球化的背景下，跨文化交流成为一种重要的能力。成人高校学前教育中加强跨文化能力的培养，旨在帮助学生克服文化差异，促进不同文化背景下的人们之间的理解和沟通。这不仅有助于学生在将来的工作中与来自不同文化背景的家长和孩子有效沟通，也有助于他们在国际舞台上更好地发挥作用。

国际交流机会的增加也是全球化趋势加强的一个体现。成人高校学前教育机构通过建立国际合作关系，为学生提供了赴国外学习和交流的机会。这些交流活动不仅能让学生直接接触到不同国家的学前教育实践，还能促进国际学术交流和文化互鉴。通过这些活动，学生可以更加深入地了解全球学前教育的发展趋势和特点，为自己未来在全球教育领域中的发展奠定坚实的基础。

随着数字技术的发展，数字化教育资源的共享也成为全球化教育的一个重要方面。成人高校学前教育机构可以利用网络平台，与世界各地的教育机构共享教学资源，包括课程内容、教学方法、案例研究等。这不仅能够丰富教育资源，也能够促进不同教育体系之间的相互学习和借鉴。

总的来说，全球化为成人高校学前教育带来了新的发展机遇和挑战。通过融入全球化教育体系，强调跨文化能力的培养和增加国际交流的机会，成人高校学前教育不仅能够学生提供更加国际化的教育体验，也能够为全球学前教育的发展做出贡献。面对全球化的挑战和机遇，成人高校学前教育需要不断创新教育理念和教学方法，以培养出能够适应全球化发展需求的高素质教育人才。

二、技术驱动的教育模式

随着互联网的普及和在线学习平台的兴起，一种新的教育模式——技术驱动的教育模式应运而生，极大地促进了国际成人高校学前教育的发展。这种模式不仅改变了传统的教学方式，还为成人学习者提供了前所未有的学习机会和体验，满足了他们多样化的学习需求。

在过去，成人教育通常受限于时间和地点，参与者往往需要在工作和家庭生活之余，挤出时间来参加夜校或周末课程。然而，远程教育和在线学习平台的出现彻底改变了这一局面。现在，成人学习者可以通过互联网，在任何时间、任何地点接受教育，无论是在家中、咖啡厅，还是在通勤的路上。这种灵活性极大地降低了学习的门槛，使得更多的人能够接受教育，尤其是那些居住在偏远地区、有着紧张工作安排或家庭责任的人。

在线学习平台通过提供海量的课程资源、互动的学习工具和个性化的学习路径，满足了成人学习者对于学习内容和方式的多样化需求。学习者不仅可以根据自己的兴趣和职业发展需要选择课程，还可以根据自己的学习节奏调整学习进度。此外，许多平台还引入了人工智能技术，通过分析学习者的学习习惯和成绩，提供个性化的学习建议和辅导，从而提高学习效率和成果。

技术驱动的教育模式还促进了国际化教育的发展。通过网络，来自世界各地的学习者可以参与到同一课程中，他们不仅可以学习到最新的知识和技能，还可以通过在线讨论和项目合作，与不同文化背景的人交流和学习，拓宽视野，增进理解。这种跨文化的学习体验对于成人学习者来说尤为宝贵，因为它不仅有助于他们在全球化的世界中更好地工作和生活，还促进了国际的理解和合作。

然而，技术驱动的教育模式也面临着挑战。首先，尽管互联网的普及程度在不断提高，但仍有部分人口因技术或经济原因无法获得网络教育资源。其次，网络学习需要较强的自我管理能力和学习动力，这对于一些成人学习者来说可能是个挑战。最后，虽然在线学习可以提供灵活性和便捷性，但缺乏面对面交流的体验有时也会减少学习的互动性和实践性。

三、重视终身学习

终身学习的概念在当今社会已被广泛接受，成为国际教育发展的一个重要理念。这一理念强调学习不仅仅是一个阶段性的过程，而是一个个体从摇篮到坟墓的持续过程。随着社会经济的不断发展和知识更新速度的加快，终身学习已经成为个人发展、职业进步乃至社会整体进步的必要条件。成人高校学前教育作为终身学习体系中的一个重要组成部分，更是强调为学习者提供持续学习和职业发展的机会，其发展趋势和特点凸显了终身学习理念的重要性。

国际上成人高校学前教育的发展趋势显示，各国教育机构越来越注重为成年学习者提供灵活多样的学习路径。这不仅包括传统的课堂学习，还包括在线课程、远程教育、工作坊、研讨会等多种形式。这些灵活的学习形式能够满足不同背景、不同需求的学习者的需求，使得学习者可以根据自己的生活节奏和职业规划灵活地选择学习时间和方式，从而更好地融入终身学习的轨道。

终身学习的理念促使成人高校学前教育更加注重学习者个性化的学习需求。教育机构通过设置多样化的课程和专业，满足学习者从事学前教育相关工作的不同层面的需求。这种个性化的学习方案不仅有助于提升学习者的专业技能，更有助于激发学习者的学习兴趣，增强其自我发展和自我实现的动力。

成人高校学前教育在实践中强调理论与实践的结合。通过实习、实训、案例分析等教学方法，学习者能够将所学理论知识应用于实际工作中，增强其解决实际问题的能力。这种强调实践的教学方法，不仅有助于学习者更深入地理解学前教育的理论和方法，更重要的是，能够让学习者在实践中不断发现问题、解决问题，从而实现自我提升。

此外，发达国家的成人高校学前教育还十分重视与社会各界的合作。通过与政府部门、企业、社会组织等机构的合作，为学习者提供更多的实习和就业机会，同时也能够让教育内容和教学方法更贴近社会需求，增强教育的实用性和时效性。这种合作不仅有助于学习者更快地融入社会，也为社会的发展贡献了有价值的人才资源。

终身学习理念的普及也促进了成人高校学前教育在教学方法和手段上的创新。为了适应成年学习者的特点，这些教育机构在教学上采用了更加灵活和互动的方式，如翻转课堂、项目式学习、同伴学习等，旨在提高学习者的参与度和学习效果。这些创新的教学方法不仅能够满足学习者的多样化需求，更能够促进学习者批判性思维和创新能力的发展。

总体来看，终身学习已经成为全球成人高校学前教育领域发展的核心理念。通过提供多样化的学习路径、关注学习者的个性化需求、强调理论与实践的结合、加强与社会各界的合作，以及不断创新教学方法和手段，成人高校学前教育不仅为学习者提供了持续学习和职业发展的机会，也为社会的持续发展培养了宝贵的人才资源。在未来，终身学习的理念将继续指导成人高校学前教育的发展，使其更好地适应社会的变化，满足个人和社会的需求。

四、以学习者为中心的教育观

在当今这个快速变化的社会中，教育领域正经历着一场深刻的变革，特别是成人高校学前教育的发展趋势与特点。其中，以学习者为中心的教育观正逐渐成为一种普遍接受的理念，它强调的是更多地关注学习者的需求和经验，采用个性化学习计划和教学方法，以提高学习效果和满意度。

这种教育观的核心在于认识到每个学习者都是独特的，具有不同的学习风格、经验背景、兴趣和目标。因此，教育的过程不能是一种单向的、标准化的传递知识的方式，而应该是一种双向的、灵活的互动过程，教育者需要从学习者的需求出发，设计符合其特点的学习计划和教学策略。

在学前教育领域，这种教育观尤为重要。成人学习者通常有着复杂的学习背景和多样化的需求。他们中的许多人可能已经有了一定的职业经验，希望通过教育来提升自己的职业技能，或是实现职业转换，有的可能是在职务上寻求晋升，需要补充新的知识和技能，还有的可能是出于个人兴趣和发展需要参与学习。因此，成人学前教育不能采取“一刀切”的教学方法，而需要根据成人学习者的具体需求，提供定制化的学习方案。

实践中，以学习者为中心的教育观可以通过多种方式实现。首先，教育者需要通过调查、面谈等方式，深入了解学习者的背景信息、学习需求和目标。这种初步的了解是设计个性化学习计划的基础。其次，基于这些信息，教育者可以设计出灵活多样的教学内容和方法，如项目式学习、翻转课堂、在线学习等，这些都是支持个性化学习的有效手段。在这个过程中，教育者的角色更多的是指导者、促进者，而不仅仅是知识的传递者。

除了教学方法的创新，评估方式也需要变得更加灵活和多样化。传统的考试和测验可能无法全面反映学习者的学习成果，特别是对于成人学习者来说，他们更关注能否将所学知识和技能应用到实际工作和生活中。因此，基于项目的评估、同行评审、自我评估等形式可以更好地激发学习者的积极性，同时也能更准确地评价学习效果。

以学习者为中心的教育观还强调学习者自我管理学习过程的能力。成人学习者通常有更强的自我驱动力，他们希望能够控制自己的学习节奏和内容。因此，提供足够的资源和支持，帮助他们发展自我管理学习的技能，是实施以学习者为中心教育的又一关键点。这包括如何有效地设置学习目标、如何管理学习时间、如何评估自己的学习进度等。

促进学习者之间的交流和协作也是以学习者为中心教育的重要组成部分。成人学习者通过分享自己的经验和观点，不仅可以加深对学习内容的理解，还可以培养团队协作和沟通的能力。这种互动式的学习环境有助于建立一个积极、支持性的学习社区，进一步提高学习效果和满意度。

总之，以学习者为中心的教育观是成人高校学前教育发展的重要趋势之一。它要求教育者转变传统的教学观念，更多地关注学习者的个性化需求和经验，通过创新教学方法和评估方式，提供灵活、多样化的学习环境，从而实现教育的最终目的——提高学习者的学习效果和满意度。在这个过程中，既是对教育者的挑战，也是对教育体系的一次深刻变革，需要所有教育参与者的共同努力和不断探索。

五、跨学科融合的课程设计

在当前的教育领域，跨学科融合已成为国际成人高校学前教育发展的一个重要趋势。随着社会和经济需求的快速变化，单一学科的知识体系已经难以满足现代社会对人才的复合型需求。在这样的背景下，课程设计趋向于跨学科融合，目的在于提升学习者的综合能力，培养具有创新精神和跨界能力的人才。

跨学科融合的课程设计是一种创新的教学理念，它打破了传统教育中严格划分学科边界的模式，通过整合不同学科的知识和方法，构建一个包含多个学科内容的综合性学习平台。这种课程设计不仅能激发学生的学习兴趣，还能帮助学生建立起整体和系统的知识结构，从而更好地适应社会和经济的发展。

放眼全球，在成人高校学前教育领域，跨学科融合的课程设计体现了多种特点和优势。它能够促进学生综合素质的提升。通过跨学科学习，学生不仅可以获得专业知识，还可以培养自己的批判性思维、解决问题的能力，以及团队合作精神。这些都是当今社会和职场中极为重要的素质。

跨学科融合的课程设计有助于培养学生的创新能力。在这种课程模式下，学生需要将不同学科的知识和方法相结合，解决实际问题。这种跨界的思维模式可以激发学生的创造力，使他们能够在面对新问题时，提出独到的见解和解决方案。跨学科融合的课程设计强调实践和应用。在这种课程中，理论知识与实际应用紧密结合，学生有机会将所学知识应用于解决实际问题中。这不仅可以增强学生的实践能力，还可以提高他们的职业竞争力。跨学科融合的课程设计还具有国际视野。在全球化的今天，解决复杂问题往往需要国际合作和交流。通过跨学科的学习，学生可以接触到不同文化背景下的知识和观点，从而拓宽自己的国际视野，提高跨文化交流和合作的能力。

实施跨学科融合的课程设计，需要教育者具有前瞻性的教学理念和丰富的跨学科知识。教师不仅要掌握自己专业领域的知识，还要了解其他学科的基本理论和方法。同时，教师还需要具备较强的课程整合能力，能够根据学生的需求和社会的发展，设计出既有深度又有广度的跨学科课程。

在教学方法上，跨学科融合的课程设计鼓励采用项目式学习、案例分析、小组讨论等互动式和参与式的教学方法。这些方法可以促进学生积极参与学习过程，通过实际操作和团队合作，深化对知识的理解和应用。

总之，跨学科融合的课程设计是全球成人高校学前教育发展的重要趋势之一。它通过整合不同学科的知识和方法，提供了一个多元化和综合性的学习平台，旨在培养学生的综合能力、创新能力和国际视野。虽然实施这种课程设计面临着一定的挑战，但其潜在的教育价值和社会效益是显而易见的。未来，跨学科融合的课程设计将在全球背景下成人高校学前教育领域发挥越来越重要的作用。

第二节　国际先进经验的借鉴与本土化应用

一、灵活多样的课程设置

在探索成人教育的发展和实践过程中，借鉴先进的国外教育经验并将其本土化应用，对于提升教育质量和满足多元化学习需求至关重要。特别是在课程设置方面，灵活多样的课程设置不仅能吸引更多成年人参与学习，还能有效地满足不同背景学习者的个性化需求，从而促进个人发展和社会进步。

国外成熟的成人教育体系往往注重课程的多样性和灵活性，这一点对于设计适应本土需求的课程体系具有重要启示。在这些成熟体系中，课程设置不仅覆盖了传统的学术领域，如文学、历史、数学等，还包括了职业技能培训、个人兴趣发展、社会实践等多方面内容。此外，教学方法和学习方式也更加灵活多变，包括面对面授课、在线学习、混合式学习等，以适应不同学习者的时间安排和学习偏好。为了将国外的先进经验成功地融入本土成人教育实践，需要从以下几个方面进行深入探讨和具体实施：

对国外成熟教育体系进行深入研究，了解其课程设置的成功要素。这包括课程内容的选择、教学方法的创新、学习材料的设计等方面。通过比较分析，找出可供借鉴的经验和适合本土化应用的策略。

充分考虑本土的教育需求和文化背景，定制化设计课程内容。例如：针对当地的经济发展需求，可以开设更多与新兴产业相关的职业技能培训课程；考虑到文化传承的重要性，也可以增加本土文化和历史的相关课程。通过这种方式，不仅能提高成人教育的吸引力，还能促进学习者对本土文化的了解和认同。

采用灵活多样的教学方法和学习方式，以适应成年学习者多样化的学习需求。对于那些工作繁忙、无法参加常规课堂学习的成人学习者，可以提供在线课程或者是自主学习的材料，使他们可以根据自己的时间安排灵活学习。对于需要更多互动和实践机会的学习者，则可以设计面向小组的项目学习、研讨会等活动，增加学习的互动性和实践性。

建立持续的反馈和评估机制也非常关键。通过定期收集学习者的反馈意见，评估课程的有效性和满意度，教育机构可以不断调整和优化课程设置，更好地满足学习者的需求。同时，也可以鼓励教师和教育工作者进行专业发展和学习，不断提高教学质量和水平。

二、教育技术的有效整合

数字时代，教育技术的迅速发展不仅极大地改变了人们获取知识和学习的方式，而且对教育质量和效率产生了深远的影响。随着全球化的深入发展，国际上出现了许多先进的教育技术和资源，这些技术和资源的有效整合与应用，为提升教育水平提供了新的机遇和挑战。然而，在享受这些先进技术带来的便利的同时，我们也必须面对一个重要的问题——如何在保护学习者隐私和数据安全的前提下，有效地利用这些资源和技术。

我们需要认识到，教育技术的有效整合不仅仅意味着将新技术简单地应用于教学过程中。更重要的是，教育者需要根据自身国家和地区的具体情况，对这些国际上的先进技术进行本土化的改造和适应，使之更符合本地的教育需求和文化背景。例如，虽然在线学习平台在全球范围内广受欢迎，但不同国家的网络基础设施、文化习惯，以及教育制度等方面存在巨大差异，这就要求教育者在引入这些平台时，进行相应的调整和优化，以确保这些技术能够真正服务于当地的教育发展。

提高教学质量和学习效率的关键，在于如何将国外先进的教育技术与传统的教学方法有效地融合。这一过程不仅需要教育技术的创新，也需要教育者对教学理念和方法的不断更新。例如，借助大数据和人工智能技术，教师可以根据学生的学习情况实时调整教学策略，提供个性化的学习内容，这样不仅可以提升学习效率，也能激发学生的学习兴趣。同时，通过虚拟现实和增强现实技术的应用，可以为学生创造出生动的学习环境，使抽象的知识变得直观易懂，从而提高教学效果。

然而，随着教育技术的广泛应用，学习者的隐私和数据安全问题也日益凸显。个人信息的泄露不仅会对学习者造成伤害，也会降低社会对教育技术的信任度。

因此，保护学习者的隐私和数据安全成为教育技术整合过程中不可忽视的一环。这需要教育机构和技术提供商共同努力，一方面加强对教育数据的加密和保护措施，另一方面也要通过立法等手段，为学习者的信息安全提供法律保障。

有效整合国际先进的教育技术，还需要建立一个开放、共享的教育生态系统。这意味着，教育资源和技术应该跨越国界，惠及全球更多的学习者。通过国际合作项目和平台，不同国家和地区的教育者可以分享经验、交流技术，共同探索教育技术的创新应用。这样的国际合作不仅有助于促进教育技术的快速发展，也能让更多地区的学生受益于先进的教育资源。

三、跨国教育合作项目

在全球化日益加深的今天，教育合作已跨越国界，成为世界各国提升教育质量、培养国际化人才的重要途径。特别是跨国教育合作项目，它们通过与国外高校或教育机构的紧密合作，开展联合培训项目和学位课程，为学习者提供了更广阔的学习视野和机会，同时也为本土教育的国际化进程注入了新的活力。

跨国教育合作项目的目的在于通过国际合作，汲取国外先进的教育理念和教学方法，提升教育教学质量，培养具有国际视野和跨文化交流能力的人才。这些项目通常涉及课程共享、学分互认、联合研究、师生交流等多个方面，能够让学习者在了解和掌握本国文化的同时，广泛接触到其他文化和知识体系，促进其全面发展。

跨国教育合作项目能够为学习者提供一个更为广阔的学习平台。通过这些合作项目，学习者不仅能够在本国的高校学习，还有机会前往合作高校交流学习，接触不同的教育体系和文化背景。这种跨文化的学习经历，能够极大地拓宽学习者的视野，增进对全球化世界的理解和认识，为其将来在国际舞台上工作和生活打下坚实的基础。

通过跨国教育合作项目，学习者可以获得更为丰富的学习资源。合作高校之间会共享图书馆资源、在线课程、研究设施等，使学习者能接触到最前沿的学术资料和研究成果，提升自己的学术水平和研究能力。同时，学习者还有机会参与到国际研究项目中，与世界各地的学者和专家进行合作和交流，这对于培养学习者的创新思维和解决复杂问题的能力具有重要意义。

跨国教育合作项目还有助于提升学习者的跨文化交流能力。在这类项目中，学习者将与来自不同国家和文化背景的师生进行密切交流，这不仅可以提高其语言能力，更重要的是可以增强其跨文化沟通的能力和敏感性。在全球化的今天，这种能力对于任何希望在国际领域内发展的个人来说都极其宝贵。

除了为学习者带来直接的好处之外，跨国教育合作项目对参与其中的成人高校也有着积极的影响。通过这些项目，成人高校可以强化与国际伙伴的联系，提升其在国际教育领域的知名度和影响力，提升教学质量、优化课程设置、促进师资队伍国际化。

当然，跨国教育合作项目的成功实施也面临着不少挑战，如文化差异、教育体制和管理模式的不同等，这些都需要成人高校和教育机构在合作过程中进行细致的规划和协调。此外，为了确保教育合作的质量和效果，成人高校还需要建立起一套有效的质量保障体系，对合作项目进行严格的监督和评估。

总的来说，跨国教育合作项目通过提供更广阔的学习视野和机会，不仅为学习者的全面发展提供了有力支持，也为本土教育的国际化进程做出了贡献。在未来，随着全球化的不断深入，这类教育合作项目将会越来越多，它们将在促进世界各国教育交流与合作、培养国际化人才方面发挥更大的作用。

四、本土化教学内容与方法

在全球化的今天，教育的国际化已成为一种不可逆转的趋势。各国都在积极探索将国际先进的教育理念、内容和方法引入本国的教育体系中，以期培养出能够适应全球化挑战的人才。然而，在借鉴国际经验的过程中，简单地照搬照抄并不一定能达到预期的效果。每个国家都有其独特的文化和教育背景，因此，本土化教学内容与方法的调整显得尤为重要。

本土化的教学内容意味着要在教学过程中融入本国的文化元素和历史背景。这并不是说要排斥国际元素，而是要在确保学生能够掌握国际视野的同时，也能够深刻理解和尊重本国的文化传统。例如，在教授世界历史的课程中，教育者可以适当增加本国历史的比重，让学生了解国家的发展历程和文化特点。在语言教学中，除了学习国际通用语言如英语之外，也应加强对本国语言文化的教育，培养学生的民族自豪感和文化认同感。

本土化的教学方法强调根据本国学生的学习习惯和心理特点来调整教学策略。不同国家的学生在学习方式、思维习惯上存在差异，盲目模仿国际上的教学方法可能不适合本国学生。例如，东亚国家的学生可能更习惯于课堂内的听讲和记忆，而西方国家的学生可能更倾向于课堂讨论和实践操作。因此，教师需要根据本国学生的特点，灵活选择和调整教学方法，如结合讲授与讨论、理论与实践的结合，以提高教学的有效性。

在实施本土化教学内容与方法的过程中，需要注意以下几点。

（一）深入研究本国文化和教育背景。在全球化浪潮中，教育国际化已成为提高国家教育水平和国际竞争力的关键途径。然而，教育的本质是培养具有本国文化根基和国际视野的人才。因此，在推进教育国际化的同时，深入研究本国文化和教育背景，对于成人高校确保教学内容和方法的本土化调整至关重要。本国文化是一个国家的灵魂，是历史长河中形成的独特的社会实践、价值观念、思维方式和生活习惯的总和。教育是文化传承和发展的重要载体，任何形式的教育都不可能脱离其文化背景而独立存在。因此，成人高校学前教育专业的教育工作者在进行教学设计时，必须深入理解和把握本国文化的核心价值和特点，确保教学内容不仅能够反映国际先进知识和理念，同时也能体现本国文化的独特性和丰富性。这种深入的文化理解和融合，有助于培养学生的文化自信和国际视野，使他们在全球化背景下更加自信和有竞争力。同样，对本国教育背景的深入研究也是本土化教学的前提。每个国家的教育系统都有其特定的历史发展轨迹、结构组成、政策导向和面临的挑战。教育工作者在进行教学活动时，必须充分了解这些背景信息，以便更好地将国际化教育理念和方法与本国的实际情况相结合。这不仅涉及教学内容的选择和课程设计、教学方法、评价方式等多个方面。例如，如果本国学生习惯于课堂内外相结合的学习方式，那么在引入国外教学方法时，就需要考虑如何将这些方法与本国学生的学习习惯相适应，以提高教学效果。此外，深入研究本国的文化和教育背景，还能帮助教育工作者识别和挖掘本土文化和教育资源，丰富教学内容，提升教学质量。例如，通过将本国的历史故事、文学作品、艺术成就等融入教学内容，不仅能激发学生的学习兴趣，还能帮助他们更好地理解和欣赏本国文化，培养对本国文化的自豪感和归属感。

（二）尊重并融合国际视野。在当今全球化迅速发展的背景下，教育领域也面临着前所未有的挑战和机遇。尊重并融合国际视野成为教育改革和发展的一个重要方向。这不仅关乎于提升教育质量，更是关乎于培养能够适应全球化挑战，具有国际竞争力的新一代人才。尊重并融合国际视野意味着在坚持和弘扬本土文化的基础上，积极引入和吸收国际先进的教育理念和知识体系。这不是简单的西化或者盲目的跟风，而是一种批判性的接纳，即在充分了解和尊重本土文化的基础上，对国际先进教育理念进行筛选、适配和融合，使之与本土文化相得益彰，共同促进教育的全面发展。例如，引入西方的批判性思维教学方法，可以促进学生独立思考能力的提升，而融入东方的集体合作精神，又可以培养学生的团队协作能力。融合国际视野的教育不仅要在教育内容和教学方法上做出改革，更要在培养目标上做出调整。教育的终极目标是培养全面发展的人，而在全球化的今天，这种全面发展不仅仅是个体层面的，更是国际层面的。这就要求成人高校学前教育专业不仅要传授学生知识和技能，更要培养他们的国际视野和跨文化交流能力，使其成为既懂得本土文化，又能在国际舞台上游刃有余的全球公民。融合国际视野的教育还需要教育者自身具有广阔的国际视野和深厚的跨文化理解能力。这就要求教育工作者不断地提升自己的专业水平和国际化能力，通过参加国际交流、学习国外先进的教学理念和方法等方式，不断地充实和更新自己的知识结构。只有教育者自身具备了国际视野，才能更好地引导和帮助学生理解和适应全球化带来的挑战。

（三）注重学生的实际需求。教育的根本目的在于促进学生的全面发展和成长。在这个过程中，学生的实际需求和兴趣起到了决定性的作用。教师在设计和实施教学活动时，若能紧紧围绕学生的需求进行，不仅能提升教学的有效性，还能极大地激发学生的学习兴趣和主动性。这种教育方法尤其在进行本土化教学内容与方法的调整时显得尤为重要，因为它能使教学内容更加贴近学生的生活实际，让学习变得更加有意义。注重学生的实际需求意味着教育内容和教学方法都应当与学生的生活经验紧密联系。这种联系不仅能够帮助学生更好地理解和吸收知识，而且能够让学生感到学习内容的实用性和紧迫性，从而增强他们的学习动力。例如，将数学问题放在购物、旅行等实际情境中讨论，或者通过探索当地的历史文化来教授社会科学，这些都是将教学内容与学生实际生活联系起来的有效方法。考虑学生的兴趣是提高教学效果的关键。学生的兴趣可以极大地影响他们的学习态度和效率。因此，成人高校学前教育专业的教师在设计课程和教学活动时，应当努力发掘和利用学生的兴趣点。例如，如果学生对科技特别感兴趣，教师可以利用这一点，通过科技项目或实验来教授科学和数学知识，如果学生对艺术有热情，可以通过艺术项目来加深他们对文学、历史的理解。通过这种方式，教师不仅能提高学生的学习兴趣，还能帮助他们在探索自己兴趣的同时学到知识。教师应该采取灵活多样的教学方法，以满足不同学生的学习需求。学生的学习风格和能力各不相同，因此，采用单一的教学方法往往难以达到最佳教学效果。教师应该探索并运用各种教学策略，如分组讨论、项目式学习、角色扮演等，这些方法能够为学生提供更多元化的学习体验，使他们在参与和互动中更好地学习和成长。真正注重学生的实际需求还需要教师持续地了解和反思学生的学习情况，根据学生的反馈和学习成果不断调整教学内容和方法。这一过程要求教师保持开放的心态，愿意倾听学生的声音，并且有能力根据学生的需要进行快速而有效的调整。

（四）不断试验和创新。在成人高校学前教育领域内，不断试验和创新是推动教学内容与方法本土化进程中不可或缺的一环。这种不断的试验和创新不仅仅是为了跟上教育发展的步伐，更是为了更好地满足学生的成长需求，培养出能够适应未来社会变化的人才。实现这一目标，需要教师在教学实践中勇于探索，敢于实践新的教学理念和方法，并在此过程中总结经验，适时进行教学方法的调整和优化。教师在教学过程中需要根据学生的具体情况和需求，设计和实施各种教学活动。这些活动应当旨在激发学生的学习兴趣，促进他们的全面发展。为此，教师可以尝试运用项目式学习、翻转课堂、情境教学等多样化的教学方法，将学科知识与学生的生活经验和社会实践相结合，让学生在实践中学习，在学习中成长。教育技术的快速发展为教学创新提供了强大的支持。教师可以利用数字技术，如教育软件、在线平台、虚拟现实等工具，创造丰富多彩的学习环境，提高教学效率和学生的学习动力。通过这些现代化的教学工具，教师不仅能够提供更加个性化的学习支持，还能够帮助学生培养必要的数字技术能力，为他们未来的学习和工作打下坚实的基础。教师还应该建立反思和自我提升的意识。这意味着教师需要在教学实践中不断地反思自己的教学方法和效果，根据学生的反馈和自己的观察来调整教学策略。教师可以通过参加教育研讨会、阅读最新的教育研究文献、与同行交流等方式，持续更新自己的教育理念和教学方法，保持教学内容的时代感和创新性。教育的本土化不仅仅是教学内容和方法的本地化，更是一种教育理念和文化的本地化。教师在试验和创新的过程中，应当充分考虑本土文化的特点和价值，将其融入教学内容和方法之中，培养学生的文化自信和国际视野。通过这样的教学实践，可以更好地满足学生的个性化学习需求，促进他们的全面发展，为社会培养出具有创新精神和实践能力的优秀人才。

总之，本土化教学内容与方法的调整是一项复杂而又必要的工作。它要求教育工作者既要深入了解本国的文化和教育背景，又要开阔国际视野，更要紧密结合学生的实际需求，通过不断的试验和创新，使教育更加适应性强、有效性高。这样，才能在全球化的背景下，培养出既有深厚的本土文化底蕴，又能适应国际竞争的复合型人才。

五、建立国际化师资队伍

建立国际化师资队伍是实现教育国际化的关键一环。不仅要引进国外优秀教育人才，也要通过各种形式的培训和交流活动，提升本土教师的国际教育视野和专业能力，从而丰富教育资源，提高教育的国际竞争力。

引进国外优秀教育人才是建立国际化师资队伍的直接和有效途径。这些来自不同文化背景的教育人才可以将先进的教学理念、方法以及丰富的知识体系带入本国，为学生提供更加广阔的国际视野和更多样化的学习机会。例如，国外的教师可能在创新教学方法、课程设计、学生评估等方面有着更加先进的经验和技能，他们的引入可以直接提高教育教学质量，促进本土教育体系的改革和发展。

对本土教师进行国际教育视野和专业能力的培训也是建立国际化师资队伍不可或缺的一部分。这种培训可以采取多种形式，如短期的海外研修、国际教育会议、在线课程学习等。通过这些培训，教师不仅能够了解和学习国际上的先进教育理念和教学方法，还能与来自世界各地的教育工作者交流，拓展自己的国际视野，从而在教学实践中更好地融入国际元素，提高教学的国际竞争力。

教育交流活动也是提升师资队伍国际化水平的重要方式。这包括但不限于教师的互访学习、国际合作研究项目、国际学术会议等。通过参与这些活动，教师可以直接接触和了解国际教育的最新发展趋势和研究成果，与国际同行建立起合作与交流的关系，促进知识和经验的共享，从而提升自身的国际教育能力和水平。

同时，建立国际化师资队伍还需要有相应的政策和制度支持。例如，政府和教育机构可以提供必要的资金支持和政策优惠，鼓励和支持教师参与国际化培训和交流活动；建立更加开放和灵活的师资引进政策，吸引更多国外优秀教育人才，以及通过制定相应的评价和激励机制，鼓励教师提升自己的国际化教育能力。

第三节　国际合作与交流在成人高校学前教育转型中的作用

一、提升教育品质

在当今全球化的背景下，教育行业，尤其是成人高校学前教育领域正面临着前所未有的挑战和机遇。随着经济全球化和文化交融，国际合作与交流成为推动教育领域进步和转型的重要动力。成人高校学前教育作为培养未来幼儿教师和教育工作者的重要基地，其品质的提升不仅关系到幼儿教育的质量，也影响着社会的可持续发展和文化传承。

国际合作和交流能够为成人高校学前教育引入丰富的国际教育资源。这包括先进的教学理念、教育技术、教材内容以及教学方法等。通过与国际知名教育机构的合作，成人高校可以获取到最新的教育研究成果和教学模式，从而不断更新和丰富课程内容，提高教学质量。例如，引入国外成功的幼儿园课程体系和评价标准，可以帮助学前教育专业的学生更好地了解和掌握国际先进的教育理念和教学方法，为将来走向国际舞台做好准备。

国际交流活动为师生提供了宝贵的跨文化交流和学习机会。通过参与国际会议、研讨会、工作坊以及交换生项目等，师生不仅可以直接接触到不同国家和地区的教育实践，还可以与来自世界各地的教育工作者进行深入交流和学习，拓宽视野，增进理解。这种跨文化的学习和交流有助于培养学生的国际视野和跨文化沟通能力，使他们能够更加灵活和有效地在不同文化背景下进行教育工作。

国际合作与交流也促进了教育教学方法的创新。在不同教育体系和文化背景下，教育工作者往往会发展出各具特色的教学方法和策略。通过国际合作交流，成人高校的教师可以了解和借鉴这些创新的教学方法，将其融入自己的教学实践中，从而不断提高教学效果。例如，利用数字技术进行远程教育和在线学习已经在许多国家得到广泛应用，成人高校完全可以借鉴这些经验，开发出适合成人学习特点的在线教育平台，提供更加灵活和个性化的学习方式。

国际合作与交流还有助于提升成人高校学前教育的国际竞争力。在全球化的今天，教育质量已成为衡量一个国家或地区教育水平高低的重要指标之一。成人高校通过与国际上的教育机构建立合作关系，不仅可以提高自身的教育质量和服务水平，还可以提升学校的国际知名度和吸引力，吸引更多国际学生来校学习交流，形成良好的国际教育环境。

值得注意的是，国际合作与交流在推动成人高校学前教育转型中还面临着诸多挑战，如文化差异、语言障碍、合作机制不健全等。因此，成人高校需要采取有效措施，如加强师资队伍的国际化培训、优化国际合作项目的管理和运营、加大语言教育和跨文化交流的投入等，以克服这些挑战，更好地发挥国际合作与交流在学前教育转型中的作用。

二、加强专业发展

在当前全球化的背景下，教育领域的国际合作与交流已成为推动教育改革与发展的重要力量。特别是在成人高校学前教育的转型过程中，这种合作与交流的作用更是不可或缺。其中，加强教师和管理人员的专业发展是国际合作项目的一个重要方面，这不仅能够为他们提供学习和成长的机会，而且有助于提升整个教育系统的教育教学能力和管理水平。

国际合作项目通过引入国外的教育理念和教学方法，为成人高校的教师和管理人员提供了开阔视野的机会。这些国际先进的教育理念，如学生中心、终身学习、反思实践等，能够帮助教师更好地理解教育的本质和目标。同时，多样化教学方法和技术的引入，如项目式学习、合作学习、数字技术等，也极大丰富了教师的教学手段，使教学过程更加生动有趣，能有效提升学生的学习兴趣和参与度。

国际合作项目还为教师和管理人员提供了实践学习和交流的平台。通过参加国际研讨会、工作坊、短期培训班等活动，教师不仅可以学习到最新的教育理论和实践技能，还可以与来自不同国家和地区的同行进行交流和讨论，分享经验和挑战，相互学习、相互启发。这种跨文化的学习和交流经验，不仅能够帮助教师和管理人员提升自己的专业知识和技能，而且有助于培养他们的国际视野和跨文化交流能力，为今后的教育工作和国际合作奠定坚实的基础。

国际合作项目还注重教师的个人发展和职业规划。许多项目提供个性化的发展计划，支持教师根据自己的兴趣和职业目标选择适合的学习路径和进修课程。这种个性化的支持，不仅能够激发教师的学习热情，增强他们的职业满足感和归属感，而且有助于教师发掘自己的潜能，促进个人职业生涯的发展。

对于管理人员而言，国际合作项目提供的专业发展机会同样重要。通过参与国际教育管理培训和交流活动，管理人员不仅可以学习到先进的教育管理理念和方法，还可以了解其他国家和地区高校管理的最佳实践，从而对本校的管理模式和策略进行反思和优化。这种学习和交流，有助于提高管理人员的领导能力和决策能力，为成人高校学前教育的转型和发展提供坚实的管理支持。

综上所述，国际合作与交流在成人高校学前教育转型中的作用是多方面的，尤其在加强教师和管理人员的专业发展方面发挥着重要作用。通过参与国际合作项目，教育者和管理者不仅可以获得学习新知识、新技能的机会，还可以通过跨文化的交流和合作，拓宽视野，提升个人和学校的国际竞争力。这不仅对于提升教育教学能力和管理水平有着积极的影响，而且对于促进成人高校学前教育的持续改革和发展具有深远的意义。

三、拓宽学习渠道

在当前全球化的背景下，成人高等教育机构，尤其是学前教育领域越来越重视国际合作与交流，借此为学习者提供宝贵的海外学习和实践机会，同时增加学习的深度和广度，促进文化理解和交流。在学前教育领域，这种国际视野的拓宽尤为重要，因为早期教育的质量直接影响到儿童未来的发展和成长。

国际交流项目能使学习者直接接触到不同的教育体系和教育理念。世界各国在学前教育方面有着各自的特点和优势。例如，北欧国家的学前教育强调儿童自主性的培养和户外教育的重要性，亚洲某些国家更加注重学前教育的学术准备。通过参与国际交流项目，学习者不仅能够亲身体验这些不同的教育模式，还能够深入了解它们背后的文化和价值观念。这种跨文化的学习经历对于拓宽学习者的全球视野、增进其对多样性的尊重和理解具有重要意义。

国际交流项目通过提供海外实践机会，极大地丰富了学习者的经验。在学前教育领域，实践经验尤为重要。通过在不同国家的学前教育机构进行教学实习或观摩学习，学习者不仅能够将理论知识应用到实践中，还能够在实践中发现问题、解决问题。这些海外实践经历不仅能够增强学习者的教育技能和专业知识，还能够帮助他们建立起更为广泛的国际视野，从而在未来的教育工作中更好地适应多元文化背景下的学习。

国际合作与交流还促进了成人高等教育机构之间的资源共享和学术合作。通过建立跨国的教育合作网络，各高等教育机构可以共享教育资源、研究成果，共同开展学术研究项目。这种合作不仅能够提高学前教育领域的教育质量和研究水平，还能够为学习者提供更多样化的学习资源和研究机会。例如，国际合作项目中的联合研究可以让学习者参与到跨文化背景下的学前教育研究中，从而获得更加深入、全面的学术视角。

国际合作与交流还为成人高等教育机构带来了新的挑战和机遇。一方面，这要求教育机构在国际化教育资源的整合、跨文化教育能力的培养方面做出更多的努力。另一方面，这也为教育机构提供了展示自身教育特色、提升国际影响力的机会。通过国际交流和合作，学前教育领域的教育机构可以将自己的教育理念和实践经验介绍给世界，同时也能从国际合作中汲取新的教育灵感和动力，不断提升自身的教育质量和服务水平。

国际合作与交流在成人高校学前教育转型中起到了不可替代的作用，不仅为学习者提供了丰富的学习和实践机会，增加了学习的深度和广度，促进了文化理解和交流，还为成人高等教育机构之间的资源共享、学术合作提供了平台，推动了学前教育领域的国际化发展。随着全球化进程的不断深入，国际合作与交流将继续在推动学前教育领域的创新和发展中发挥关键作用。

四、促进教育创新

在当今全球化的时代背景下，国际合作与交流已成为推动各行各业，尤其是教育行业进步与创新的重要力量。成人高校作为教育体系中的重要组成部分，其学前教育专业的转型不仅关乎教育质量的提升，也关系到未来教育者的培养和教育理念的更新。在这样的大环境下，国际合作与交流在成人高校学前教育转型中扮演了促进教育创新的重要角色。

国际合作与交流为成人高校开启了观察和学习国际先进教育理念和实践的窗口。世界各国在学前教育领域的发展各有侧重，有的国家注重儿童自主性的培养，有的国家强调基础教育的均衡发展，还有的国家专注于创新能力和批判性思维的培育。成人高校通过与这些国家的教育机构进行交流合作，能够深入了解不同教育模式的优势和适用条件，从而有针对性地借鉴和融合这些先进理念与实践，推动学前教育课程体系和教学方法的创新和改革。

跨国界的合作项目，如学术交流、联合研究、教师培训等，为成人高校的教育工作者提供了与国际同行交流与合作的机会。这种直接的交流与合作不仅有助于教育工作者拓宽视野，吸收新知，还能促进教育理念和教育技术的跨文化融合，激发教育创新的灵感。例如，成人高校的教师参加国外的短期培训项目，可以直接接触到当地的教育实践和创新教学方法，回国后也能将这些新理念和方法应用到教学中，从而提升教学质量和效果。

国际合作与交流还能带来先进的教育技术和资源。随着数字技术的飞速发展，数字化教育、远程教育等新型教育模式日益普及。成人高校通过与国际伙伴的合作，可以引进这些先进的教育技术和数字资源，为学前教育师资的培养和学前儿童的学习提供更加丰富多样和高效便捷的教育资源和手段。例如，利用远程教育平台，成人高校学前教育专业的学生可以参与国际知名教育机构的在线课程，获取最新的教育研究成果和教学法，这对提升其专业能力和教育创新意识具有重要意义。

国际合作与交流还促使成人高校在学前教育领域形成了国际化的合作网络，有利于持续跟踪国际教育创新趋势和动态，为学前教育的持续改进和发展提供动力和支撑。通过这种国际化的合作网络，成人高校不仅可以定期参与国际教育论坛、研讨会等活动，交流教育改革和创新的经验，还可以与国外伙伴共同开展跨国研究项目，探索学前教育的新模式、新方法，共同解决学前教育发展中的共同挑战和问题。

综上所述，国际合作与交流在成人高校学前教育转型中起到了至关重要的作用，不仅为教育机构提供了学习借鉴国际先进经验的平台，也为教育工作者提供了开阔视野、促进个人成长的机会，更为教育技术和资源的更新引进了新的动力。随着全球化进程的不断深入，国际合作与交流将继续成为推动教育创新和改革的重要引擎，帮助成人高校学前教育更好地适应时代发展的需求，培养出能够适应未来社会需求的高质量教育人才。

五、构建国际化网络

在全球化的推动下，教育界也逐渐步入了一个崭新的阶段，尤其是成人高校学前教育的转型，它不再局限于传统的教学模式和理念，而是在不断地寻求创新和发展。在这一过程中，国际合作与交流起到了至关重要的作用。它不仅仅是一种简单的资源共享，更是一种深层次的文化交流和理念碰撞，为学前教育的改革和发展提供了新的思路和方向。

构建国际化网络是实现这一目标的有效途径之一。通过国际合作与交流，成人高校得以跨越地理和文化的障碍，建立起一个覆盖全球的教育合作网络。这个网络不仅促进了学前教育工作者之间的信息共享、经验交流和合作研究，还加强了不同国家和地区之间的互联互通，使得全球学前教育资源得以优化配置，从而有效地提升了教育质量和教学效果。

在这个国际化网络中，教育工作者可以自由地分享自己的教学资源、研究成果和教学案例，通过线上和线下的方式进行深入的交流和合作。这种开放式的交流模式，不仅为教师提供了一个持续学习和自我提升的平台，也为教育管理者和政策制定者提供了了解国际先进教育理念和实践的窗口，有助于指导和推动本国的学前教育改革和发展。

国际化网络的建立还有助于促进学前教育的国际化。通过参与国际合作项目、交换访问计划和国际会议，教育工作者不仅可以获得跨文化交流的经验，还可以吸收不同国家在学前教育领域的先进理念和技术，将其融合到自己的教育实践中。这种跨文化的学习和互鉴，不仅丰富了教育内容和方法，还拓宽了教育视野，为学前教育的多元化和个性化发展提供了强有力的支持。

国际合作与交流还为成人高校学前教育的研究提供了新的机遇。通过国际合作研究项目，教育研究者可以与全球的同行共同探讨学前教育领域的重要问题，共享研究数据和成果，共同推进学前教育理论的创新和发展。这种跨国界的研究合作，不仅加快了知识的传播和技术的创新，也促进了全球学前教育领域的科学研究水平的整体提升。

值得注意的是，构建国际化网络并非一蹴而就的事情，它需要长期的投入和努力。首先，需要克服语言和文化差异带来的交流障碍，建立起有效的沟通机制和平台。其次，需要确保网络中的资源共享和交流活动能够持续进行，为此可能需要寻找稳定的资金来源和支持。最后，还需要不断地评估和优化网络的运行机制，确保它能够适应教育发展的新需求和挑战。

总之，通过构建国际化网络，成人高校学前教育不仅能够突破传统教育的局限，实现资源的全球优化配置，还能够促进教育理念和方法的国际交流和融合，为学前教育的创新和发展提供强大的动力和广阔的空间。在这个过程中，每一位教育工作者都是重要的参与者和贡献者，他们的共同努力将会为全球学前教育的未来描绘出一幅更加美好和丰富多彩的图景。

第十章　新时代成人高校学前教育转型的未来展望

本章综合分析了新时代背景下成人高校学前教育转型的成效与面临的挑战，并在此基础上提出了构建高质量成人高校学前教育体系的策略与建议。本章不仅回顾了转型过程中取得的进步和成就，如教学方法的创新、课程体系的重构、师资队伍建设的加强、数字技术的深度融合等，也坦诚地指出了在这一转型过程中遇到的种种挑战，包括教育资源分配的不均、教育质量的波动、教育评价体系的不完善等问题。面对挑战，本章进一步提出了针对性的策略和建议，旨在促进成人高校学前教育体系的持续优化和高质量发展。本章呼吁所有教育工作者、政策制定者和社会各界人士共同努力，以创新和科学的方法，克服存在的障碍，把握新时代的机遇，为成人高校学前教育的发展开拓更加广阔的空间。

第一节　新时代成人高校学前教育转型的成效与挑战

一、课程内容的创新与多样化

在新时代的背景下，成人高校学前教育转型不仅体现在教育理念、教育模式的更新换代上，还体现在课程内容的创新与多样化上。传统的教育模式已难以满足现代社会的复杂需求，因此，成人高校学前教育的课程内容急需创新与多样化，以培养更加适应时代发展的教育人才。

课程内容的创新与多样化体现在跨学科知识的引入。在过去，学前教育的课程内容往往侧重于基础教育理论和儿童心理学等传统领域，而忽视了艺术、科学、数字技术等跨学科领域的重要性。新时代的成人高校学前教育开始打破这一局限，通过引入跨学科知识，使得课程内容更加丰富和全面。例如，将 STEAM 教育理念融入课程中，不仅可以帮助学生在教学实践中活学活用，充分激发学前儿童对科学、技术、工程、艺术和数学的兴趣，还能够培养他们的创新思维和解决问题能力。此外，数字技术的快速发展也为学前教育带来了新的教学工具和方法。成人高校学前教育课程中加入数字技术应用，如数字媒体使用、网络资源整合等，不仅能提高教育的效率和质量，还能帮助学生掌握现代社会所需的关键技能。

课程内容的创新与多样化还体现在对实践性的强调。在新时代的成人高校学前教育中，理论与实践相结合的教学模式越来越受到重视，如模拟教学、社区服务、幼儿园实习等，旨在让学生在实际工作中学习和成长。这种实践性的强化，不仅能提升学生的职业技能，还能帮助他们更好地适应未来的工作环境。

同时，课程内容的创新与多样化也体现在对学生个性化需求的满足上。例如，通过设置选修课程、开展特色工作坊、提供在线学习资源等方式，学生可以根据自己的兴趣和职业规划选择最适合自己的学习内容。这种个性化的课程设计不仅能激发学生的学习兴趣，还能促进他们的全面发展。

然而，课程内容的创新与多样化也面临着一系列挑战。首先是师资队伍的建设。跨学科课程的引入和实践性教学的强化要求教师不仅要有扎实的学科知识，还要具备跨学科整合能力和实践指导能力。其次是教学资源的整合。跨学科教学和个性化学习要求丰富多样的教学资源支撑，如何有效整合资源，优化教学内容，是成人高校学前教育需要面对的另一个挑战。最后是评价体系的建立。传统的评价体系往往难以全面评价学生在跨学科学习和实践活动中的表现，因此，建立公正、全面、灵活的评价体系是课程内容创新与多样化成功实施的关键。

综上所述，成人高校学前教育在新时代背景下的课程内容创新与多样化是一项系统工程，它不仅需要教育理念的更新，还需要在师资队伍建设、教学资源整合、评价体系建立等方面进行深入的探索和实践。

二、教学方式的现代化

新时代成人高校学前教育的转型在教学方式方面展现出了现代化的特征。混合式学习和在线教育等现代化教学方式，更是极大地提高了教学效率和学习的灵活性。这一转变不仅是对传统教学方式的更新，更是对适应时代发展需求的积极响应。

混合式学习是现代成人高校学前教育的重要组成部分。传统的学前教育模式往往以课堂为主，学习者需要到学校参加面对面的教学活动。然而，随着科技的发展和教育理念的更新，混合式学习的概念逐渐被引入。混合式学习融合了传统课堂教学和在线学习的优势，通过结合面对面的教学和网络学习平台，学习者可以更灵活地安排学习时间和地点。学习者可以在课堂上与老师和同学互动，同时也可以通过网络平台进行课外学习和交流。这种灵活的学习方式既保留了传统教学的人际交流和互动的优势，又拓展了学习的空间和时间，提高了学习者的学习效率。

在线教育的应用为成人高校学前教育带来了新的机遇和挑战。随着互联网的普及和数字技术的发展，在线教育已成为一种重要的教学模式。成人高校学前教育也不例外，越来越多的学校开始将课程内容以视频、音频、文字等形式上传至网络平台，学习者可以通过网络随时随地访问和学习。这种方式不仅方便了学习者、节约了时间和成本，还拓展了教育资源的覆盖范围，使得学前教育的知识和理念能够更广泛地传播和应用。同时，在线教育也提出了新的挑战，如如何保证教学质量、如何激发学习者的学习兴趣等问题，这需要教育机构和教师们不断探索和创新，引入更多的互动性和个性化的元素，以提升在线教育的效果和影响力。

除了混合式学习和在线教育，现代成人高校学前教育还借助其他现代化教学方式来提升教学效率和学习的灵活性。比如，采用智能化教学设备和虚拟实验室，使学习者可以在模拟的环境中进行实践操作和体验，从而加深对知识的理解和记忆。又如，运用游戏化学习的理念，设计趣味性强、互动性强的教学活动，激发学习者的学习兴趣和积极性。这些新颖的教学方式不仅丰富了教学内容和形式，还提高了学习者的学习体验和满意度。

新时代成人高校学前教育的教学方式转型取得了显著的成效。教育的改革和创新永远都不会停止，成人高校还需要不断地探索和实践，以更好地适应和引领时代的变革。

三、教师专业发展

教师专业发展在新时代成人高校学前教育转型中扮演着至关重要的角色。随着社会的发展和教育理念的更新，教师的专业水平和教学能力的提升成了当务之急。因此，加大对教师培训的投入不仅是必要的，更是推动学前教育转型成效的关键之举。

加大对教师培训的投入有助于提升教师的专业水平。教师是学前教育的核心力量，其专业水平直接影响到教育质量和学生的成长。通过加大对教师培训的投入，成人高校可以组织各类专业培训，包括课程教学方法、儿童心理学、家庭教育等方面的培训课程，帮助教师不断提升自身的专业素养和教育能力。这种持续的培训机制有助于使教师保持教育理念的更新，拓宽教学视野，提高教学质量。

加大对教师培训的投入也有助于提升教学能力。随着社会的发展和科技的进步，教学方法和手段也在不断更新换代。教师需要不断学习和掌握新的教学技术，以更好地适应学生的需求和社会的变化。比如，可以组织教师参加各类教育展会、研讨会，邀请专家学者进行学术交流和指导，搭建教师之间的交流平台，促进教师之间的相互学习和提高。这种互动学习的机制有助于教师不断积累经验，提升教学水平。

加大对教师培训的投入还有助于强化教育队伍的建设。教师队伍的建设是学前教育发展的基础和保障，只有具备高素质的教师队伍，才能够保证成人高校学前教育的质量和可持续发展。通过加大对教师培训的投入，学校可以不断提升教师队伍的整体素质，增强团队的凝聚力和战斗力。同时，也有助于培养一批教育领域的专业人才，为学前教育的长远发展提供坚实的人才支撑。

综上所述，相信随着教师队伍不断的努力和改进，成人高校学前教育专业将迎来更加美好的明天。

四、技术应用的推广

数字技术的广泛应用为教育教学注入了新的活力，不仅改善了教育质量和管理效率，还为学习者提供了丰富多样的资源和学习途径。本章将从多个角度详细探讨技术在成人高校学前教育领域中的推广成效。

数字技术的广泛应用丰富了教学资源。传统的教学资源受到时间和地域的限制，而数字技术的发展打破了这些限制。学生可以通过互联网获取到各种各样的教学资源，包括文字、图片、音频、视频等形式。这些资源不仅丰富了教学内容，还能够满足不同学生的学习需求，提高了教学的针对性和灵活性。

数字技术应用的推广提升了教育教学的交互性和趣味性。例如，教师可以利用网络平台设置在线讨论、互动游戏等活动，促进学生之间的交流和合作，激发学生的学习兴趣和积极性。

数字技术的应用还提高了教学的个性化水平。每个学生的学习方式和学习进度都有所不同，传统的“一刀切”式教学往往无法满足所有学生的需求。而数字技术可以通过智能化的学习系统和个性化的学习方案，根据学生的特点和需求进行定制化教学，使教学更加贴近学生的实际情况，提高了教学的效果和学习的满意度。

数字技术的应用还提升了教育管理的效率和便利性。传统的教育管理往往烦琐而低效，而数字技术的应用可以实现教务管理的数字化、网络化和智能化。教育管理者可以通过教务管理系统实现课程安排、学生信息管理、教师评价等功能，大大提高了管理的效率和准确性，减轻了管理者的工作负担。

数字技术的应用在新时代成人高校学前教育中的推广成效是显著的。然而，我们也要看到数字技术的应用还存在一些问题和挑战，例如教育资源的分配不平衡、教学过程中对技术的依赖性过强等。因此，我们需要进一步加强对数字技术的研究和探索，不断完善数字技术在教育教学中的体系，为推动成人高校学前教育专业的发展做出更大的贡献。

五、学生能力的全面发展

在新时代成人高校学前教育的转型中，学生能力的全面发展是一个核心目标。这种转型追求的不仅是传统教育所注重的知识传授，更强调培养学生的批判性思维、创新能力和实践能力。这种全面发展的教育理念对于成人高校学前教育的未来发展至关重要。

批判性思维的培养是成人高校学前教育转型中的一项重要内容。传统教育往往注重的是学生对知识的被动接受和记忆，而缺乏对知识的主动思考和质疑。而新时代的学前教育更加注重培养学生的批判性思维，即通过分析、评估和推理来理解和解决问题的能力。这种思维方式不仅使学生能够更加深入地理解所学知识，还能够让他们具备面对现实生活中复杂问题时的应对能力。通过课堂上的案例分析、讨论和辩论等教学活动，学生可以逐渐培养出质疑、探究的思维习惯，从而更好地适应未来社会的变化和挑战。

创新能力的培养也是新时代成人高校学前教育转型的重要方面。随着社会经济的发展和科技的进步，未来的就业市场对人才的要求将越来越倾向于创新型人才。因此，培养学生的创新能力成为学前教育中的一项重要任务。创新能力不仅仅是指学生能够提出新的想法或解决方案，更包括了学生的观察力、想象力、联想力等方面。在教学中，可以通过设计开放性的问题，鼓励学生自由发挥，提出自己的想法和解决方案。同时，也可以通过实践性的项目任务，让学生动手去尝试、去实践，从中培养他们的创新精神和实践能力。

实践能力的培养是成人高校学前教育转型中的又一重要内容。在课程设置和教学安排上，教师可以增加实践性的教学环节，如实地考察、实验操作、实习实训等，让学生在实践中学习、在实践中成长。通过这种方式，学生不仅可以更加深入地理解所学知识，还能够培养出独立思考和解决问题的能力，为将来的工作和生活打下坚实的基础。

六、挑战

（一）资源分配不均。新时代成人高校学前教育面临的转型挑战之一是资源分配不均。这一挑战涉及优质教育资源在不同地区和学校之间的分布不均，导致部分地区和学校难以享受到高质量的教育资源。这种不均衡的资源分配给成人高校学前教育带来了一系列问题和挑战。首先，资源分配不均影响到了教育质量的均衡性。一些偏远地区或经济欠发达地区的成人高校学前教育资源相对匮乏，教学条件简陋，师资力量不足，教学内容单一，甚至缺乏必要的教育设施。这种不均衡导致了教育质量的差异，使得一些地区的学生无法享受到与他人同等的教育机会，进而影响到他们的学习效果和未来发展。其次，资源分配不均也加剧了教育不公平现象。教育公平是现代社会教育发展的重要目标之一，而资源不均导致的教育机会不均等现象严重挑战了这一目标的实现。最后，资源分配不均还影响了教育资源的有效利用和教育发展的整体水平。在一些地区，由于资源匮乏，教育投入有限，教育设施和条件落后，教育管理和教学水平也相对较低，导致了教育资源的浪费和低效利用。这不仅是对有限资源的一种浪费，也制约了教育事业的持续健康发展。针对资源分配不均所带来的种种挑战，需要采取一系列措施来加以解决。首先，有关部门应加大对教育资源的投入，优化资源配置，确保教育资源的均衡分配，特别是要加强对偏远地区和经济欠发达地区的支持，提升其教育设施和师资力量水平。其次，应建立健全的教育评估和监管机制，加强对教育资源利用情况的监督和评估，确保教育资源的有效利用和公平分配。最后，还需要加强对教育公平的政策支持和制度保障，通过多种途径，如提供奖学金、补贴教育费用等，以缩小不同地区和学校之间的教育差距，促进教育公平的实现。

（二）教育质量波动。在新时代成人高校学前教育领域，转型所面临的挑战之一是教育质量的波动。这一挑战源于多方面因素，包括教师素质、设施条件等方面的不一致性，这些因素共同影响着教育质量的稳定性和一致性。教师素质的差异是导致教育质量波动的重要原因之一。在成人高校学前教育领域中，教师扮演着至关重要的角色，他们不仅需要具备扎实的专业知识和教学技能，还需要具备对成人学习者的理解和关怀。然而，在实际情况中，由于教师队伍的结构不尽相同，教师的教学水平、教育理念和教学方法可能存在差异。一些教师可能具有丰富的教学经验和高水平的专业知识，能够有效地引导学习者学习，而另一些教师缺乏相应的教学能力，难以满足学习者的学习需求，从而导致教育质量的不稳定性和波动性。设施条件的不一致也是导致教育质量波动的重要原因之一。成人高校学前教育的教学环境和设施条件直接影响着学习者的学习体验和学习效果。一些成人高校拥有先进的教学设备和良好的教学资源，为学习者提供了良好的学习条件，而另一些成人高校由于种种原因，如教学设施简陋，教学资源匮乏，难以满足学习者的学习需要。因此，学习者在不同的学校可能会面临不同的学习环境和学习条件，导致教育质量的波动性。管理水平和制度建设也是使教育质量产生波动的重要因素之一。成人高校学前教育的管理水平和制度建设直接关系到教育教学的质量和效果。一些成人高校可能具有完善的管理体系和科学的制度建设，能够有效地保障教育质量，而另一些成人高校可能管理水平较低，制度建设不完善，导致教育质量难以得到有效保障。因此，管理水平和制度建设的不同也会导致教育质量的波动性。

（三）评价体系不完善。这一挑战源于现有评价体系过于注重知识掌握程度，而忽视了能力培养和综合素质评价，这对成人高校学前教育的发展和提升产生了一系列深远影响。评价体系的不完善首先体现在其过度偏重知识掌握程度上。传统的评价体系主要以考试分数和学科成绩为主要依据。在成人高校学前教育中，学生大多已经具备了一定的生活和工作经验，他们更需要的是能够应对实际工作挑战的能力，而非简单的掌握知识。因此，过度依赖知识考核的评价体系无法全面评价学生的学习成果和实际能力水平，从而无法满足现代社会对人才的需求。针对评价体系不完善所带来的挑战，需要采取一系列措施来加以解决。首先，成人高校需要调整评价体系，更加注重学生能力培养和综合素质评价。可以采用多元化的评价方法，如综合考核、项目评价、实践评价等，全面评价学生的学习成果和实际能力水平。其次，成人高校需要加强教师培训，提升教师评价能力和水平，使其能够更好地应对新时代成人高校学前教育的需求。最后，成人高校还可以加强学生自主学习和能力培养，引导学生积极参与各类实践活动，提升其综合素质和实际能力。

（四）学习需求多样化。成人学习者的背景与情况各异，他们可能来自不同的行业、职业，具有不同的学历和工作经验，甚至有着不同的生活阶段和个人目标。因此，如何满足这些多样化的学习需求成为一项重大挑战。成人学习者的个性化需求是一大挑战。每个人的学习目的、学习方式、学习节奏、学习偏好都可能截然不同。有些人喜欢通过听讲座来学习，另一些人则更倾向于通过实践来学习。有些人需要更多的互动和反馈，而另一些人则更喜欢独立自主地学习。因此，如何根据每位学习者的个性化需求来设计教学方案，成为一项新的挑战。如何在满足学习者个性化需求的同时，又能兼顾到他们的差异化需求，成为一项需要克服的挑战。成人学习者的背景复杂多样也增加了教育转型的难度。他们具有不同的学历背景和学习经历，来自不同的文化背景和社会环境。这意味着教育者需要更加敏锐地感知学习者的背景和需求，针对性地进行教学设计和教学实施。同时，还需要建立起多元化、包容性的学习环境，让每位学习者都能够感受到尊重和认同，从而更好地参与到学习过程中来。

因此，面对成人学习者学习需求的多样化，教育者需要采取一系列措施来应对挑战。首先，需要通过调研和分析来深入了解学习者的需求，从而有针对性地制订教学方案。其次，需要不断创新教学方法和手段，以满足学习者的个性化和差异化需求。最后，还需要加强师资队伍建设，提高教师的教学能力和教育水平，从而更好地适应新时代成人学前教育的发展需求。综上所述，成人学前教育在新时代面临着多样化学习需求的挑战，但只要教育者能够充分认识到这一挑战的存在，并采取有效措施加以应对，相信一定能够迎接挑战、实现教育转型的目标。

第二节 构建高质量成人高校学前教育体系的策略与建议

一、策略

（一）更新教育理念，强化能力培养

更新教育观念意味着要摒弃传统的以知识传授为主的教学模式，转向注重培养学生综合能力的教育方式。在成人高校学前教育领域，应该致力于培养学生的创新能力和实践能力。创新能力是指学生具备独立思考、解决问题和创造新知识的能力，这是适应现代社会快速变化的必备素质。而实践能力是指学生能够将所学知识应用于实际工作中，解决实际问题的能力，这是提升学生就业竞争力的关键。强调能力培养需要改变教学方法和评价体系。传统的教学方式往往以灌输式教育为主，缺乏互动和实践环节。而现代教育应该更加注重学生的参与性和体验性，采用启发式教学、项目式学习等方法，激发学生的学习兴趣和创造力。更新教育理念还需要加强与社会的对接，促进教育与产业、科研等领域的深度融合。成人高校学前教育应该更加贴近社会需求，为学生提供更具实践性的教育内容和培训项目，使他们能够更好地适应职场需求，实现个人价值。同时，加强与产业界、科研机构的合作，将教育资源和社会资源充分整合，为学生提供更广阔的发展空间和更多的就业机会。

（二）强化教师专业发展

为了实现教师专业发展的目标，需要建立完善的培训机制。这包括定期举办教师培训班、研讨会、研修营等形式多样的培训活动，以满足不同层次、不同专业领域的教师需求。培训内容应涵盖学科知识更新、教育理论与实践研究、教学方法与技能培养等方面，使教师能够全面提升自己的专业素养。建立导师制度，为新任教师提供专业指导和支持。导师可以是学校内具有丰富教学经验和专业知识的老师，也可以是外部专家学者。通过与导师的交流与指导，新任教师可以更快地适应学校的教学环境，提高教学效率，同时也可以从导师的经验中汲取教育

教学的精华，不断完善自己的教学技能。此外，也要加强对教师的考核评价机制，建立起科学合理的评价体系。除了定期的教学评估外，还可以引入同行评课、教学观摩等方式，让教师之间相互学习、相互促进。同时，注重教师的个性化发展需求，鼓励教师参与科研项目、教学改革实践等活动，为其提供展示和交流的平台，激发教师的创新热情和探索精神。还要加强对教师的激励机制建设，使其更加积极地投入专业发展中来。激励措施可以包括提供专业发展奖励、晋升机制、岗位津贴等多种形式，以及给予教师更多的发展空间和职业发展支持，让他们感受到自身价值的实现和成长的动力。要注重教师的自主学习和自我提升能力的培养。学校可以建立教师专业发展档案，记录教师的培训经历、教学成果、科研成果等，鼓励教师进行反思和总结，形成自己的成长轨迹和发展规划。同时，提供丰富多样的学习资源和平台，鼓励教师参与学术交流、教学研讨等活动，不断提升自己的专业水平和教学能力。

二、建议

（一）促进公平优质的教育

在当代社会，教育不仅是个人发展的重要基石，也是社会进步的关键驱动力。对于成人教育领域而言，高质量的学前教育体系建设尤为重要，它不仅关系到下一代的成长和发展，更是推动教育公平的重要途径。构建一个高质量的成人高校学前教育体系，需要我们从多个维度出发，确保教育资源的有效分配，提升教育服务的质量，同时促进教育公平。首先，在成人高校学前教育体系中，例如通过增加在线教育资源和远程教学的比重，可以让那些居住在偏远地区、因工作或家庭原因无法参与传统课堂学习的成人学习者，也能享受到高质量的学前教育师资和课程资源。其次，提升教育服务质量是构建高质量成人高校学前教育体系的关键。这需要从师资队伍建设、课程内容更新、教学方法创新等多个方面着手。成人高校应该定期组织专业培训，引入学前教育领域的最新研究成果和教学法，提升教师的专业水平和教学能力。同时，课程内容应紧跟时代发展的步伐，不断更新，确保教育内容能够满足当前社会和学前教育领域的需求。此外，还要创新教学方法，如采用项目式学习、情境教学等，可以增加学习者的参与度和兴趣，提升教学效果。再次，促进教育公平还需要构建一个包容性的学习环境，确保每一个学习者都能在平等、尊重的氛围中学习和成长。这意味着成人高校学前教育体系中不仅要提供物质上的支持，如奖学金、助学金等，帮助经济困难的学习者完成学业，更要在精神上给予关怀和支持，如建立心理咨询和辅导服务，帮助学习者解决学习过程中可能遇到的心理和情感问题。通过这样的包容性支持，可以使所有学习者都感受到被尊重和重视，从而更加积极地参与到学习中，实现自我成长和发展。最后，实现教育公平还需加强政策支持和社会参与。社会各界也应该积极参与到成人高校学前教育体系的建设中来，通过企业赞助、志愿服务等形式，为教育公平贡献力量。

（二）注重实践教学和生活应用

课程设计是构建高质量学前教育体系的关键。课程应该紧密结合实际工作和生活场景，突出实践性和应用性。同时，课程内容也应该贴近社会需求和发展趋势，引导学生学习最新的教育理论和实践经验，为他们未来的工作做好准备。

教学方法也至关重要。教师需要运用多种教学方法，如案例教学、解决问题式教学、小组讨论等，引导学生主动思考、实践和应用所学知识。在教学过程中，教师还应该充分尊重学生的个性差异，根据不同学生的特点采用灵活多样的教学策略，激发他们的学习兴趣和潜能。

实习实践是学前教育专业学生培养的重要环节。学校应该与各级幼儿园建立紧密的合作关系，为成人高校学前教育专业的学生提供丰富多样的实习实践机会，并建立完善的实习实践管理制度，确保实践教学的质量和效果。学校应该积极组织各类学术交流和社会实践等活动，拓宽学生的视野，促进他们与社会各界的互动与合作。

（三）关注学习者的心理健康和个性发展

在构建高质量成人高校学前教育体系时，关注学习者的心理健康和个性发展至关重要。在现代社会中，学习者的心理健康问题越来越受到重视，因此提供心理咨询和职业规划等服务，关注学习者的全面发展，已成为一项迫切的任务。心理健康是学习者全面发展的基石。学习者在学习过程中可能会面临来自学业、家庭、社交等方面的各种压力，而这些压力可能会对他们的心理健康产生负面影响。

因此，成人高校应该建立健全的心理咨询服务体系，为学习者提供专业的心理辅导和支持，帮助他们有效应对压力，保持心理健康。

个性发展是每个学习者独特的需求。成人高校应该通过个性化的教学方式和管理模式，充分尊重和关注学习者的个性发展。这包括了解学习者的学习习惯、兴趣爱好、职业志向等方面的信息，从而为他们提供更加个性化的学习支持和指导。总的来说，关注学习者的心理健康和个性发展是构建高质量成人高校学前教育体系的重要内容。通过提供心理咨询和职业规划等服务，成人高校可以更好地满足学习者的需求，促进他们的全面发展，为他们的个人和职业成功奠定坚实的基础。这不仅有助于提高学校的教育质量和声誉，也符合当代社会对于教育的新需求和期待。

参考文献

[1] 邓红红 , 郭丽光 , 白音 . 成人高校教育学类专业课程思政教学模式研究 [J]. 黑龙江教师发展学院学报 ,2024,43(3):82-85.

[2] 孔祥尉 . 校企合作背景下的成人高等教育人才培养模式 [J]. 学园 ,2024,17(7):56-58.

[3] 徐颖 . 终身学习理念下成人高等教育改革 [J]. 继续教育研究 ,2024(3):17-20.

[4] 汪小兵 . 新时代成人高校课程思政实施路径探究——以西安开放大学为例 [J]. 陕西开放大学学报 ,2023,25(4):86-90.

[5] 孙晔 . 数字化背景下成人高校产教融合的策略探索 [J]. 中国管理信息化 ,2023,26(24):224-226.

[6] 李伟 . 教学督导视角下成人高校课程思政教育研究 [J]. 现代职业教育 ,2023(35):149-152.

[7] 金吉子 . 成人高校学前教育专业课程体系改革研究 [J]. 知识文库 ,2023,39(13):111-114.

[8] 龚晓辉 . 新媒体视域下成人高校思政教育创新策略研究 [J]. 产业与科技论坛 ,2023,22(10):127-129.

[9] 李华雨 . 新时代成人高校学生管理工作改革的研究 [J]. 江西电力职业技术学院学报 ,2023,36(4):89-91.

[10] 罗克东 . 成人高校档案工作在平安校园建设中的作用及管理策略 [J]. 北京宣武红旗业余大学学报 ,2023(1):67-71.

[11] 邱天伟 . 成人高校“纲要”课在线学习参与度的相关性研究 [J]. 湖北开放职

业学院学报 ,2023,36(5):180-182.

[12] 夏媛 . 区办成人高校社区教育资源整合探析 [J]. 吉林广播电视大学学报 , 2023(2):67-69.

[13] 方连更 . 成人高等学历教育的质量回归问题研究 [J]. 河北大学成人教育学院学报 ,2023,25(1):5-13.

[14] 陈洁菲 , 蒋彭 . 新工科背景下成人高校大数据人才培养改革探索 [J]. 计算机教育 ,2023(3):44-50.

[15] 陈瑞芬 . "互联网 +" 背景下成人高校思想政治教育工作策略 [J]. 中国新通信 , 2023,25(5):236-238+215.

[16] 焦辰 . 成人高校教育资源供给研究 [J]. 天津职业院校联合学报 ,2022,24(11): 105-108.

[17] 白斌 . 成人高校开展社会培训的问题分析与培训课堂有效性的提升策略 [J]. 北京宣武红旗业余大学学报 ,2022(3):53-57.

[18] 赵彬 . 成人高等教育学生工作人本化研究 [D]. 湖南农业大学 ,2022.

[19] 季建萍 . 成人高校学前教育专业人才培养范式探析——基于具身认知理论的视角 [J]. 中国成人教育 ,2022(6):31-34.

[20] 孟红霞 . 成人高校学前艺术教育专业特色的思考 [J]. 学园 ,2020,13(31):98-99.

[21] 崔永庆 . 成人高校学前教育专业美术基础教学的探讨 [J]. 北京宣武红旗业余大学学报 ,2015(3):64-65+69.